LES GRANDS CLASSIQUES ILLUSTRÉS

LES CONTES DE GRIMM

**Adaptation de
Roy Nemerson**

**Traduction de
Marie-Christine Lafrance**

D0586856

ÉDITIONS ABC
DIVISION PAYETTE ET SIMMS INC.

LES GRANDS CLASSIQUES ILLUSTRÉS

Données de catalogage avant publication (Canada)

Vedette principale au titre:

[Kinder- und Hausmärchen. Français]
Les contes de Grimm
(Les grands classiques illustrés)

Traduction d'après la version anglaise:
Grimm's fairy tales.

ISBN : 2-89495-165-5

1. Contes de fées - Allemagne. I. Grimm, Jacob, 1795-1863.
II. Grimm, Wilhelm, 1786-1859. III. Nemerson, Roy. IV. Titre : Kinder- und Hausmärchen. Français.
V. Collection : Grands classiques illustrés

PZ24.K53 2002   j398.2'0943   C2002-940398-7

Dépôts légaux : 1er trimestre 2002
Bibliothèque nationale du Québec
Bibliothèque nationale du Canada

ISBN : 2-89495-165-5

Imprimé au Canada

ÉDITIONS ABC
Division Payette & Simms Inc.
Saint-Lambert (Québec) J4R 1K5

Table des matières

Au sujet des auteurs

Les frères Jacob et Wilhelm Grimm sont nés en Allemagne dans les années 1780. Ils étaient très instruits et s'intéressaient à divers domaines, mais c'est le folklore qui les fascinait le plus.

Ils voulaient préserver en héritage les histoires qui leur avaient été transmises de génération en génération, mais qui n'avaient jamais été écrites ou publiées sous aucune forme. Ces histoires avaient été racontées, répétées, jusqu'à ce que plusieurs versions de la même histoire existent.

Les deux frères ont fait des comptes rendus avec le plus de précision possible, après avoir écouté plusieurs versions de la même histoire.

Même si les contes n'étaient pas à l'origine destinés spécialement aux enfants, lorsque les livres des Grimm furent publiés, tous les enfants de la terre commencèrent à les lire — et les lisent toujours ! Les personnages des frères Grimm sont parmi les favoris de toute la littérature. Ils ont paru sous différentes formes, dans des films, à la télévision, dans des bandes dessinées et des livres d'images.

Les deux frères ont travaillé ensemble presque toute leur vie. Les contes qu'ils ont recueillis pour nous ont bel et bien été préservés et aimés, comme ils le souhaitaient.

Les sept fées du royaume

La belle au bois dormant

Il était une fois un roi et une reine qui régnaient sur un royaume rempli de merveilles. Le couple royal était heureux. Mais il aurait été plus heureux, s'il avait eu un enfant. Ils avaient presque abandonné tout espoir de devenir parents, quand enfin la reine donna naissance à une petite fille. Le roi fut si heureux qu'il décréta que le baptême royal aurait lieu au palais, et qu'il serait suivi d'une fête grandiose. Toute la cour et les sept fées principales furent invitées à assister à l'événement.

Le grand jour arriva. On para le palais de ses plus beaux atours. La grande salle à manger était resplendissante et tous les serviteurs portaient leurs habits des grands jours.

Après le baptême à la chapelle, tous les invités prirent place dans la grande salle à manger, pour assister au banquet.

– Regardez sous vos serviettes. J'ai préparé un cadeau spécial pour chacune de vous, annonça le roi aux sept fées.

Les fées soulevèrent leurs serviettes.

– C'est magnifique ! s'exclama une des fées.

En effet, chaque fée avait reçu un boîtier en or. Chaque coffret contenait un couteau, une fourchette et une cuiller en diamants et en or.

– Je chérirai ce trésor pour toujours, murmura la plus jeune des sept fées.

– Où est mon cadeau ? grommela soudain une voix à l'entrée de la salle.

Tout le monde se retourna et vit une vieille femme laide.

– Qui est-elle ? demanda le roi.

– C'est une vieille fée, répondit une des fées. Mais personne ne l'a vue depuis cinquante ans. On dit qu'elle vit seule dans son château

Une voix grommela à l'entrée.

en compagnie de ses chauves-souris et de ses serpents.

Le roi fit un signe à la vieille femme.

– Je n'ai plus de boîtes en or, mais je vous invite à assister à notre banquet.

– Pas de boîte en or pour moi? marmonna la vieille femme. Alors, je vous promets qu'il arrivera malheur à votre petit bébé.

Seule la plus jeune des fées avait entendu les menaces de la vieille. Elle eut peur de ces mots, mais décida d'attendre et de voir la suite des événements.

– C'est le moment d'offrir nos cadeaux à la petite princesse, dit la première fée.

– Mon cadeau, c'est qu'elle sera la plus belle fille sur la terre.

– Je lui accorde la bonté d'un ange, dit la seconde fée.

– Je lui confère de la grâce dans tout ce qu'elle fera, déclara la troisième fée.

– Je lui accorde le don de la danse, dit la quatrième.

LA BELLE AU BOIS DORMANT

La cinquième fée dit :

– Elle aura la plus belle voix du royaume.

– Je peux vous assurer qu'elle jouera tous les instruments de musique à la perfection, affirma la septième fée.

Mais avant que la septième fée ne puisse présenter son cadeau, la vieille fée laide se leva.

– J'ai un cadeau à donner, dit-elle. Je lui donne la mort !

Les invités tressaillirent.

– Je prédis qu'une aiguille lui percera la peau, la fera saigner et la tuera instantanément.

Les gens commencèrent à crier des injures à la vieille fée.

Le roi et la reine se mirent à pleurer. La septième fée leva la main.

– Attendez ! dit la septième fée. Moi aussi, j'ai un cadeau. Je ne peux plus prévenir qu'une aiguille ne perce la peau de votre fille, mais je vous promets qu'elle ne mourra pas. Elle dormira plutôt pendant cent ans. Après cent ans, un beau jeune prince la trouvera, l'embrassera et elle se

La princesse devint une belle jeune fille.

réveillera. Le prince et elle auront ensuite une vie heureuse ensemble.

La fête se termina sur ces paroles. Toutes les fées retournèrent dans leurs royaumes. La vieille fée laide retourna dans son château décrépi et on ne la revit plus.

À ce moment-là, le roi décida d'agir. Il ordonna que tous les fuseaux et les aiguilles soient bannis du royaume. Il décréta que quiconque pris avec une aiguille serait mis à mort instantanément. Tous les rouets du royaume furent détruits. Plus une seule aiguille en vue.

Le décret du roi sembla fonctionner. Les années passèrent et la petite princesse devint une belle jeune fille. Elle n'avait jamais vu ni approché une aiguille ou un fuseau de sa vie.

Un jour, le roi et la reine décidèrent de visiter un couple royal dans un royaume voisin. Pendant leur absence, la princesse décida d'explorer les parties du château qu'elle n'avait jamais vues.

La princesse n'était jamais montée dans la haute tour du château. Elle gravit les marches avec agilité. Au haut de l'escalier, elle vit une porte et y cogna.

— Entrez, lui dit une voix.

La princesse entra. Une petite vieille femme était assise sur une chaise. À côté d'elle, il y avait un objet bizarre.

— Qu'est-ce que c'est ? demanda la princesse en s'approchant.

— C'est un fuseau ma belle, dit la femme. Je fabrique une couverture pour l'hiver prochain.

La vieille femme n'avait jamais entendu parler du décret royal interdisant les fuseaux et les aiguilles. Elle ne savait pas non plus que la jeune fille était une princesse royale.

— Ça a l'air amusant, dit la princesse. Je peux essayer ?

— Tu peux, dit la femme. Mais fais attention, les aiguilles sont pointues.

La vieille femme tendit l'aiguille à la princesse. Hélas, sa main tremblait. Elle perça accidentellement le petit doigt de la princesse avec son aiguille pointue. Le sang apparut aussitôt. À cet

C'est un fuseau.

instant, la jeune femme ferma les yeux et tomba sur le sol.

– Au secours ! hurla la femme.

Quelques instants plus tard, des serviteurs et des gardes entrèrent dans la pièce. Lorsqu'ils virent la princesse inconsciente, ils lui tapotèrent les mains et lui versèrent de l'eau sur le front... mais leurs efforts furent vains. Rien ne réanima la princesse.

Dans l'heure suivante, le roi et la reine furent de retour au château. À l'annonce de la nouvelle, ils se précipitèrent dans la chambre de la vieille femme.

Le roi ordonna qu'on emmène la princesse dans une chambre spéciale et qu'on l'installe sur un immense lit.

– Le malheur s'est abattu sur nous, dit la reine en pleurant à chaudes larmes. Notre petite fille dormira pendant cent ans. Nous ne lui parlerons plus jamais !

Le roi se pencha vers sa fille allongée sous les couvertures. La princesse était magnifique ; elle avait les joues roses, ses cheveux étaient blonds et lustrés. Elle respirait tranquillement.

– Elle repose en paix, soupira avec peine le roi. Nous ne pouvons pas en faire davantage.

Les nouvelles de l'état de la princesse parvinrent à la plus jeune des sept fées qui sauta dans son carrosse tiré par des dragons et fila jusqu'au château.

Lorsqu'elle arriva, le roi et la reine l'emmenèrent dans la chambre de la princesse.

– Vous avez fait tout ce que vous pouviez, dit la fée. Elle dormira ainsi pendant cent ans, jusqu'à ce qu'un prince la réveille. Mais nous devons la préparer pour ce moment.

La fée savait que la princesse aurait besoin d'aide à son réveil. Elle parcourut donc le château en effleurant tout le monde avec sa baguette magique. Les gens touchés s'endormirent instantanément. La fée effleura des serviteurs, des gardes, des cuisiniers, des valets de pied, des dames d'honneur, des intendants et des bonnes. Certains s'endormirent debout, d'autres tombèrent assis sur des chaises ou

Un si long sommeil

s'affaissèrent doucement sur le sol. La fée effleura aussi plusieurs chevaux et le petit chien de la princesse. Les animaux s'endormirent tranquillement.

– Et nous ? demanda la reine. Vous ne pourriez pas nous endormir aussi, afin que nous puissions être auprès de notre fille à son réveil ?

– Non, répondit doucement la fée. En tant que roi et reine, vous avez des obligations envers vos sujets. Je ne peux vous plonger dans un si long sommeil.

Tristement, le roi et la reine embrassèrent leur fille endormie. Des larmes coulèrent sur leurs joues lorsqu'ils dirent adieu à la princesse. C'était un adieu, parce que le roi ordonna à tous les gens encore éveillés de quitter le château.

– Ce château restera fermé à tous les visiteurs pendant cent ans, jusqu'à ce que le prince arrive, annonça le roi.

Le roi et la reine montèrent dans leur carrosse et on les emmena dans un autre château passer le reste de leur vie.

LA BELLE AU BOIS DORMANT

Un événement étrange survint dès le départ du roi et de la reine. Les arbres, les arbustes et les ronces des alentours se mirent à grossir démesurément et entourèrent complètement le château. Il devint impossible à quiconque de s'en approcher.

Seule la plus haute tour du château était visible et on ne pouvait l'apercevoir que de loin.

Les années passèrent et le château resta fermé. Personne ne s'en approcha ou n'y pénétra. Au fil des ans, des rumeurs à son sujet se propagèrent. On disait qu'il était hanté ou qu'un démon vivait à l'intérieur. On oublia complètement la princesse endormie.

Puis, un jour, un beau jeune prince d'un royaume voisin alla galoper dans les environs. Il s'arrêta au haut d'une colline pour donner à boire à son cheval et remarqua le haut de la tour du château.

– Qu'est-ce que c'est ? demanda-t-il à un de ses vieux conseillers.

– Sire, on raconte que c'est un château hanté, répondit le conseiller. On dit qu'un drame affreux

Galopant dans les environs

est arrivé ici il y a cent ans ; qu'une belle princesse dort dans le château et attend d'être réveillée par un beau et brave prince.

– Vraiment ? répondit le prince.

Depuis quelque temps, il réfléchissait au fait qu'il n'avait jamais été amoureux. Il n'avait pas trouvé l'épouse idéale. L'histoire de la belle princesse endormie emplit donc sa tête et son cœur d'un désir brûlant.

– J'irai voir cette princesse, pour en avoir le cœur net, dit le prince.

– Sire, cela n'est pas sage. On dit aussi que le château est hanté par des démons, plaida le conseiller.

Mais le prince était brave et vaillant. L'honneur et l'espoir l'entraînèrent au château.

Comme le prince approchait, une chose étrange se produisit. Les arbres, les arbustes et les ronces qui entouraient et protégeaient le château s'écartèrent soudainement. Le prince descendit de son cheval et se dirigea vers le palais.

Lorsqu'il fut dans le royaume, les arbres, les arbustes et les ronces réapparurent autour du palais. Aucun de ses conseillers ne l'avait suivi. Il était seul. Mais comme le prince était brave, il n'avait peur de rien.

Il entra dans la cour, observant tout en silence. Il y avait, tout autour de lui, des personnes et des animaux immobiles. Leurs yeux étaient fermés, mais ils n'étaient pas morts, seulement endormis. Les gens paraissaient en santé et les animaux robustes. Ils respiraient aisément.

Le prince se dirigea vers le château et y entra. Il vit encore d'autres personnes, profondément endormies. Il monta un escalier et se retrouva devant une grande porte.

Il entra dans la pièce. La chambre était élégante. Soudain, il sursauta. Il n'avait jamais vu une si jolie fille de sa vie. Elle était étendue sur le lit et dormait profondément.

Le prince s'approcha d'elle lentement, avec précaution. Plus il s'approchait, plus il la trouvait belle. Il restait là, les genoux légèrement tremblants, à côté du lit.

Je n'aurais jamais rêvé d'un aussi beau prince.

LA BELLE AU BOIS DORMANT

Puis il se pencha et embrassa tendrement la princesse sur le front. Elle ouvrit les yeux instantanément. Le prince fixait les plus beaux yeux bleus du monde. La princesse lui sourit.

– Es-tu mon prince? lui demanda-t-elle doucement. Je t'ai attendu pendant une éternité.

Le prince fut touché par ces paroles. Il s'agenouilla près du lit et ils commencèrent à parler. La princesse lui raconta les nombreux rêves qu'elle avait faits pendant les cent dernières années.

– Mais je n'avais jamais rêvé qu'un aussi beau prince viendrait me réveiller, dit-elle.

Le prince lui sourit.

– J'ai cherché ma bien-aimée toute ma vie, lui répondit-il. Je n'aurais jamais cru la trouver dormant dans un château.

– M'aimes-tu? demanda la princesse.

Le prince l'assura qu'il l'aimait plus que sa propre vie.

Ils parlèrent encore longtemps. Entre-temps, autour d'eux, les personnes et les animaux commençaient aussi à se réveiller. Les gens recommencèrent à travailler. Le chien de la princesse entra en courant dans la chambre et sauta sur le lit pour lécher son visage. La princesse se mit à rire et le serra dans ses bras.

Le prince était en train de lui raconter ce qui s'était passé dans le monde au cours des derniers cent ans, quand une dame d'honneur entra dans la chambre.

— Votre Grâce, le déjeuner est servi, annonça-t-elle.

— Je viens, répondit-elle. Je n'ai pas mangé depuis si longtemps.

La princesse sortit de son lit et resta immobile. Le prince la regardait fixement.

— Que se passe-t-il? lui demanda-t-elle.

— Tu es la plus belle jeune fille de la terre, répondit le prince. Mais tu portes les mêmes vêtements que mon arrière, arrière, arrière-grand-mère.

— J'apprendrai bien vite la mode du jour, répondit-elle en riant.

Il mit sa main dans la sienne.

LA BELLE AU BOIS DORMANT

– Cela n'a pas d'importance, dit le prince en souriant. Tu seras toujours magnifique, peu importe les vêtements que tu porteras.

Puis il mit sa main dans la sienne. Ensemble, ils se dirigèrent vers la salle à manger et prirent place à une grande table. Ils étaient entourés de serviteurs, de musiciens et de gardes qui avaient dormi pendant cent ans et qui, soudainement, avaient recommencé à travailler.

Tout le château avait repris vie, comme si la princesse ne s'était jamais endormie. Pendant qu'on lui apportait le repas préparé dans les cuisines du palais, elle dit au prince qu'elle était affamée. Les deux amoureux mangèrent leur premier repas ensemble au son de la musique. Peu après, ils se dirigèrent vers la chapelle royale. Ils se marièrent et vécurent heureux pour le reste de leurs jours.

Blanche-Neige

C'était le milieu de l'hiver dans un royaume nordique. Des flocons de neige épais comme des plumes tombaient. La belle reine du domaine était assise dans sa chambre et cousait près d'une fenêtre toute sombre, lorsqu'elle se piqua accidentellement le doigt avec une aiguille. Trois gouttes de son sang royal tombèrent sur son ouvrage de tissu blanc, aussi blanc que la neige qu'elle voyait tomber de sa fenêtre. Malgré l'obscurité, elle regardait fixement la neige.

– J'aimerais avoir une fille avec une peau blanche comme la neige, des joues rosées et des cheveux noirs comme la nuit, se dit-elle.

Son vœu se réalisa bientôt.

BLANCHE-NEIGE

Comme elle était reine, son vœu se réalisa bientôt. Elle donna naissance à une petite fille qui avait une peau blanche comme neige, des joues rosées et de superbes cheveux noirs. Elle donna le nom Blanche-Neige à son bébé. Malheureusement, peu de temps après, la reine tomba malade et mourut.

Le roi pleura la mort de sa femme. Mais peu après, pour soulager sa peine, il se remaria. Sa nouvelle femme était très belle, mais elle était égoïste et vaniteuse. Elle insistait toujours pour qu'on dise qu'elle était la plus belle femme du royaume. Elle avait même un miroir magique pour l'aider. Elle se tenait debout devant le miroir, s'admirait puis demandait :

– Miroir, gentil miroir, qui est la plus belle entre toutes ?

Le miroir répondait toujours :

– Vous êtes, ma reine, la plus belle.

Cela rendait la reine très heureuse, car elle savait que le miroir n'avait pas le droit de mentir.

Toutefois, cette reine vaniteuse se rendait compte que la fille du roi, Blanche-Neige, était en train de devenir une belle jeune fille. Un jour, la reine demanda à son miroir magique qui était la plus belle.

Cette fois, le miroir lui répondit :

— Ma reine, vous êtes d'une rare beauté, mais Blanche-Neige est mille fois plus belle.

La reine était furieuse et remplie de jalousie.

— Cette petite fille ose être plus belle que moi ? Je vais y mettre fin à l'instant ! dit la méchante reine.

Elle convoqua un chasseur à ses appartements.

— Amenez la fille dans les bois, tuez-la et ramenez-moi son cœur pour me prouver qu'elle est morte. Filez et vite !

Le chasseur entraîna Blanche-Neige au milieu de la forêt. Il sortit soudain son couteau et était sur le point de la poignarder, quand Blanche-Neige tomba à genoux en pleurant.

— Chasseur, ne me tuez pas, implora Blanche-Neige. Si vous me laissez la vie sauve, je m'enfuirai dans les bois et vous ne me reverrai plus jamais.

La reine et son miroir magique

BLANCHE-NEIGE

Le chasseur eut pitié de la belle jeune fille.

– D'accord, tu peux partir, lui dit-il.

Il croyait que Blanche-Neige ne survivrait pas longtemps dans la forêt. Il la regarda disparaître derrière les arbres.

À cet instant, un sanglier fonça sur le chasseur. Ce dernier poignarda la bête à mort et extirpa son cœur qu'il rapporta à la reine, qui fut enchantée.

Entre-temps, Blanche-Neige se retrouva seule dans la forêt sauvage. Des animaux féroces couraient dans toutes les directions. Elle courut aussi longtemps et aussi vite qu'elle le put. Soudain, elle vit une petite chaumière dans une clairière.

Blanche-Neige entra. Tout était petit dans cette chaumière. Elle était propre et rangée, mais petite. Il y avait une petite table et dessus, tout était minuscule aussi — les tasses, les assiettes, les fourchettes et les couteaux. Blanche-Neige compta sept petits couverts sur la table.

Puis elle remarqua sept petits lits dans un coin de la pièce. Elle avait très faim et elle était très fatiguée. Elle prit un peu de nourriture dans chaque assiette et but un peu de cidre dans les sept petites tasses.

Enfin, la fatigue commença à l'envahir. Elle essaya chacun des sept lits, mais seul le septième était à sa taille. Elle monta dessus, fit ses prières et s'endormit.

Au milieu de la nuit, sept petits hommes entrèrent dans la chaumière. Ils vivaient là et avaient passé la journée dans une mine en montagne à chercher de l'or. En rangeant leurs pics et leurs pelles, ils remarquèrent que leur chaumière avait un air différent.

– Qui s'est assis sur ma chaise ? demanda le premier nain.

– Qui a mangé mon pain ? demanda le second.

– Qui a mangé dans mon assiette ? demanda le troisième.

– Qui a mangé mes légumes ? demanda le quatrième.

– Qui a utilisé ma fourchette ? demanda le cinquième.

Ils ne la réveillèrent pas.

BLANCHE-NEIGE

– Qui s'est servi de mon couteau ? demanda le sixième.

– Qui a bu dans ma tasse ? demanda le septième.

Puis ils remarquèrent que leurs lits avaient été défaits. Pendant que les nains discutaient de la situation, le septième nain vit soudain Blanche-Neige qui dormait dans son lit.

– Il y a quelqu'un dans mon lit ! cria-t-il.

Les autres arrivèrent en courant. Ils allumèrent des chandelles pour voir la fille endormie.

Ils étaient tellement contents d'avoir une si belle fille dans leur chaumière qu'ils ne la réveillèrent pas. Ils allèrent plutôt se coucher. Le septième nain dormit sur une chaise.

Le lendemain matin, Blanche-Neige se réveilla. Lorsqu'elle vit les sept nains, sa première pensée fut de s'enfuir, parce qu'ils avaient l'air si étrange.

– N'aie pas peur, lui dit un nain. Nous t'aimons bien. Nous ne te ferons aucun mal. Comment t'appelles-tu ?

– Blanche-Neige, répondit-elle.

Elle leur raconta l'histoire de la jalousie de sa belle-mère, du chasseur et comment elle avait trouvé leur chaumière.

– Tu seras en sécurité si tu restes avec nous. En échange, tu peux cuisiner, coudre, nettoyer et faire nos lits, dit le nain le plus âgé.

– J'accepte, dit Blanche-Neige.

Elle savait maintenant qu'elle serait en sécurité.

À partir de ce jour-là, les nains partaient chaque matin à la montagne à la recherche d'or et de pierres précieuses. Chaque soir, à leur retour, Blanche-Neige leur avait préparé le dîner et la maison brillait comme un sou neuf.

Mais un des nains lança un avertissement à Blanche-Neige.

– Ta méchante belle-mère pourrait apprendre que tu es ici, lui dit-il. Tu ne dois laisser personne entrer dans la maison lorsque tu es seule.

Au même moment, la belle-mère était debout devant son miroir magique. Elle lui demanda :

– Miroir, gentil miroir, qui est la plus belle du royaume ?

Maintenant, elle était en sécurité.

BLANCHE-NEIGE

Le miroir répondit sans hésiter :

– Vous êtes, ma reine, d'une beauté incomparable. Mais dans les montagnes, où habitent les sept nains, Blanche-Neige est en pleine santé. Je dois vous dire : dans ce royaume, elle est toujours la plus belle.

La reine fut indignée. Comme le miroir ne pouvait pas lui mentir, cela voulait dire que le chasseur n'avait pas tué la jeune fille. Elle avait besoin d'un nouveau plan. Cette fois, elle achèverait Blanche-Neige elle-même. Elle ne pouvait faire confiance à personne d'autre. Alors, la reine prit l'apparence d'une pauvre vieille mendiante.

Elle alla dans les bois et escalada les montagnes jusqu'à ce qu'elle arrive à la chaumière des nains. Elle frappa à la porte en criant :

– Belles choses à vendre, belles choses !

Blanche-Neige regarda par la fenêtre. Comme c'était le jour, elle était toute seule. Mais la pauvre vieille avait un air si inoffensif, qu'elle lui dit :

– Quelles marchandises vendez-vous, ma bonne dame ?

BLANCHE-NEIGE

– De belles choses, dit la reine déguisée. Des dentelles et des rubans, juste pour vous.

Comme Blanche-Neige voulait de nouveaux rubans, elle ouvrit la porte et la laissa entrer.

– Essayez un de ces rubans, lui dit sa belle-mère. Venez, je vais vous aider.

La méchante femme aida Blanche-Neige à mettre le ruban. Mais elle le serra si fort que Blanche-Neige ne pouvait plus respirer. Elle s'affaissa sur le sol.

– Maintenant, je serai la plus belle du royaume, une fois pour toutes, dit la méchante belle-mère.

Elle quitta la chaumière et retourna au château.

Ce soir-là, lorsque les sept nains revinrent à la chaumière, ils virent Blanche-Neige étendue sur le sol. Ils crurent qu'elle était morte. Elle ne bougeait plus et ne semblait plus respirer.

– Vite, coupez ce ruban, dit un des nains.

On le coupa et le lui enleva. Blanche-Neige recommença instantanément à respirer. En peu de temps, elle reprit ses esprits. Elle leur raconta l'histoire de la vieille femme qui mendiait.

S'en allant travailler

– Ce n'était pas une vieille mendiante, dit un des sept nains. C'était ta méchante belle-mère, la reine. Tu dois être prudente, Blanche-Neige. Ne laisse personne entrer dans la chaumière en notre absence.

Au même moment, la belle-mère revenait au château. Elle se dirigea directement à son miroir magique et lui demanda :

– Miroir, gentil miroir, qui dans ce royaume est la plus belle ?

Le miroir lui répondit :

– Vous êtes, ma reine, d'une grande beauté, mais dans les montagnes où les sept nains habitent, Blanche-Neige est en pleine santé et je dois vous dire que dans ce royaume, elle est toujours la plus belle.

– Quoi ? Elle n'est pas morte ? s'écria la reine. Je tuerai cette fille même si je dois y laisser ma propre vie !

Elle courut dans une chambre secrète du château et mélangea plusieurs potions et poudres, jusqu'à ce qu'elle crée un poison mortel.

Puis, la méchante reine prit une pomme et la badigeonna de poison. Le fruit avait l'air délicieux. Sa peau était rouge et blanche. Mais quiconque aurait pris une bouchée de cette pomme serait tombé raide mort sur-le-champ. La reine se déguisa à nouveau. Cette fois, elle prit l'apparence d'une paysanne. Elle quitta le château, traversa les montagnes et arriva à la chaumière des sept nains.

Elle frappa à la porte d'entrée. Blanche-Neige jeta un coup d'œil par la fenêtre et vit une paysanne qui se tenait là.

– Que voulez-vous ? lui demanda Blanche-Neige.

– Je vends des pommes, répondit la reine déguisée, tenant la pomme empoisonnée dans sa main. Elles sont délicieuses ! Puis-je entrer et vous les montrer ?

– Je n'ai pas le droit de laisser quiconque entrer dans la chaumière lorsque je suis seule, lui dit-elle.

– Tu n'as aucune raison d'avoir peur, lui répondit la vilaine reine. Crois-tu que la pomme soit empoisonnée ? Je t'assure que non. Regarde.

La pomme avait l'air délicieuse.

BLANCHE-NEIGE

La reine coupa ensuite la pomme en deux.

– Je vais manger la partie blanche et toi, la rouge. Blanche-Neige ne pouvait pas savoir que seule la partie rouge de la pomme avait été empoisonnée.

Elle regarda la reine déguisée manger la partie blanche de la pomme. La vieille paysanne avala, puis sourit.

– Tu vois, je vais bien. C'est vraiment délicieux.

Blanche-Neige ne put résister, car la pomme était très appétissante.

– Je vais manger la partie rouge, dit-elle.

La reine tendit le reste de la pomme par la fenêtre. Blanche-Neige en prit une bouchée. Deux secondes plus tard, elle tomba au sol. Elle était morte.

La méchante reine éclata de rire, puis retourna dans son château. Dès son retour, elle se précipita vers son miroir.

– Miroir, gentil miroir, maintenant qui est la plus belle entre toutes ?

Le miroir répondit immédiatement :

– Vous êtes la plus belle, ma reine. Plus belle que n'importe qui dans votre royaume.

BLANCHE-NEIGE

La méchante reine soupira en signe de soulagement. Son plan avait fonctionné. Blanche-Neige était enfin morte, elle était de nouveau la plus belle femme de tout le royaume.

Le soir même, quand les sept nains revinrent à la chaumière, ils furent choqués de trouver Blanche-Neige par terre. Ils l'aspergèrent d'eau, desserrèrent ses vêtements et essayèrent tout ce qu'ils purent pour la ramener à la vie. Mais rien n'y fit. Blanche-Neige était morte.

Les nains soulevèrent la jeune femme et la placèrent sur son lit, à l'extérieur. Ils la pleurèrent pendant trois jours entiers. Ils ne pouvaient croire que leur belle amie était morte. Même dans la mort, Blanche-Neige avait les mêmes belles joues roses.

– Nous ne pouvons l'enterrer sous terre, dit un des nains. Elle est trop belle pour être enterrée.

Alors les nains confectionnèrent un cercueil en vitre et y placèrent Blanche-Neige. Ils écrivirent un message disant qu'une princesse reposait dans ce cercueil.

Les nains la veillaient tour à tour.

BLANCHE-NEIGE

Les nains affligés portèrent le cercueil au sommet d'une montagne, à proximité, et le placèrent dans un endroit visible pour que tous puissent la regarder. Plusieurs animaux voulurent dire adieu à Blanche-Neige, incluant un chevreuil, un hibou, un corbeau et une colombe. Ils pleurèrent tous.

Elle resta au sommet de la montagne, dans son cercueil de verre, pendant plusieurs années. Même si elle était morte, elle n'avait pas changé d'apparence. Sa peau était encore blanche comme la neige, ses joues rosées et ses longs cheveux tout aussi noirs, comme sa mère avait désiré qu'ils soient.

Les nains veillaient tour à tour le cercueil de Blanche-Neige ; ils l'avaient tant aimée !

Un soir, alors que les nains finissaient de manger, un prince cogna à la porte de leur chaumière.

– Puis-je passer la nuit ici ? Il se fait tard et il me faut un endroit où dormir.

Comme les nains étaient chaleureux, ils acceptèrent que le prince y passe la nuit. Le lendemain matin, les nains emmenèrent le prince au sommet de la montagne pour lui montrer le cercueil de Blanche-Neige. Le prince lut le message proclamant qu'elle était une princesse.

– Elle est magnifique, dit-il aux nains. Je vous en prie, laissez-moi m'occuper de ce cercueil et de cette belle princesse, la chérir à jamais, car je l'aime comme si elle était en vie.

Les nains furent si émus par les paroles du prince qu'ils le prirent en pitié. Ils acceptèrent qu'il s'occupe du cercueil de Blanche-Neige.

Le prince appela ses serviteurs et leur ordonna de descendre le cercueil en bas de la montagne. Les serviteurs soulevèrent le cercueil, mais comme ils commençaient à descendre, ils trébuchèrent et l'échappèrent.

Le cercueil frappa le sol avec fracas. Le choc fut si violent que le morceau de pomme empoisonné sortit de la bouche de Blanche-Neige.

Quelques instants plus tard, Blanche-Neige ouvrit les yeux et essaya de se lever. Le prince, estomaqué, souleva le couvercle de verre du cercueil.

Tu es en vie ! cria le prince.

— Tu es en vie ! cria le prince.

— Oui, répondit Blanche-Neige. Mais où suis-je ?

— Tu es au sommet de la montagne, avec un prince qui t'aime profondément, lui dit-il.

Il expliqua ensuite à Blanche-Neige l'histoire de la pomme empoisonnée et tout ce qui était arrivé. Blanche-Neige était heureuse d'être en vie.

— Je suis si heureux que tu sois vivante, lui dit le prince. Je serais encore plus heureux si tu voulais devenir ma femme. Veux-tu m'épouser ?

Blanche-Neige sourit au prince.

— Oui, je le veux, car je t'aime autant que tu m'aimes, dit-elle.

Ils partirent au palais royal et peu de temps après, on célébra leur mariage.

La méchante belle-mère de Blanche-Neige avait été invitée à la cérémonie. Après s'être préparée, elle se dirigea vers son miroir et lui demanda :

— Miroir, gentil miroir, qui dans ce royaume est la plus belle ?

BLANCHE-NEIGE

– Vous êtes, ma reine, d'une beauté remarquable, mais Blanche-Neige est mille fois plus belle.

La méchante reine faillit s'évanouir. Blanche-Neige était à nouveau la plus belle ? Comment était-ce possible ? Sa colère fut tellement vive qu'elle ne voulut plus assister au mariage. Mais comme elle mourait d'envie de voir par elle-même si Blanche-Neige était toujours aussi jolie, elle y alla.

Lorsque la méchante reine fit son entrée au palais, Blanche-Neige et son prince étaient là, accueillant les invités. La vilaine reine reconnut immédiatement Blanche-Neige et trouva injuste que celle-ci soit de nouveau la plus belle. Mais avant que la reine ne puisse s'approcher d'elle, un serviteur lui tendit un plateau sur lequel il y avait des pantoufles rougies par un feu brûlant.

– On demande que vous les mettiez et que vous dansiez.

La méchante reine mit les pantoufles et commença à danser. Les pantoufles étaient si brûlantes, la douleur qu'elles procuraient si vive, que la méchante reine s'effondra.

Blanche-Neige et son prince dansèrent.

BLANCHE-NEIGE

brûlantes, la douleur qu'elles procuraient si vive, que la méchante reine s'effondra.

Celle qui avait essayé à deux reprises de tuer Blanche-Neige était morte. Personne ne fut vraiment attristé par sa mort car elle avait utilisé sa magie noire contre la belle petite princesse.

Blanche-Neige et son prince rirent et dansèrent. Et ils vécurent toujours heureux.

Les lutins et le cordonnier

Il était une fois, dans un petit village, un pauvre petit cordonnier qui vivait avec sa femme. Il était si pauvre qu'il lui restait juste assez de cuir pour faire une paire de chaussures.

Alors, il découpa soigneusement le cuir, le plaça sur sa table de travail et, pris par la fatigue, décida de terminer sa besogne le lendemain matin. Il alla se coucher, fit ses prières et s'endormit aussitôt.

Le lendemain matin, le cordonnier se réveilla de bonne heure. Il sortit de son lit, se dirigea vers sa table et se prépara à coudre les chaussures.

Terminer sa besogne.

LES LUTINS ET LE CORDONNIER

Mais il figea sur place devant la table. Il ne pouvait en croire ses yeux. Les deux chaussures étaient faites. Elles étaient posées sur la table, les coutures en cuir bien à leur place.

– Comment cela a-t-il pu arriver? demanda le cordonnier à sa femme, en prenant les chaussures dans ses mains pour les examiner. Elles étaient parfaites. En fait, c'était la plus belle paire de chaussures qu'il avait vue de sa vie!

Quelques moments plus tard, on frappa à la porte.

– Entrez, dit le cordonnier.

Un homme entra.

– Je cherche une nouvelle paire de chaussures, dit-il.

Le cordonnier lui montra les chaussures.

– Elles sont superbes! s'exclama le client. Combien coûtent-elles?

Le cordonnier lui fit le prix le plus élevé qu'il ait jamais demandé. À sa grande joie, le client paya et partit avec ses nouvelles chaussures. Avec l'argent reçu, le cordonnier acheta du cuir.

LES LUTINS ET LE CORDONNIER

Il en acheta assez pour faire deux paires de chaussures. Ce soir-là, il tailla les chaussures, les plaça sur la table et, pris par la fatigue, décida de les terminer le lendemain. Il alla se coucher, fit ses prières et s'endormit.

À son réveil, à la surprise du cordonnier, deux paires de chaussures parfaitement cousues se trouvaient sur sa table! Avant le déjeuner, les deux paires de chaussures étaient vendues. Il avait maintenant assez d'argent pour acheter du cuir et fabriquer quatre paires de chaussures!

À nouveau, il découpa les chaussures, les laissa sur sa table et alla se coucher. Le lendemain matin, à son réveil, il y avait quatre paires de chaussures, parfaitement cousues sur sa table!

Le cordonnier continua ce petit manège pendant plusieurs nuits. Chaque soir, il laissait le cuir sur sa table. Chaque matin, les chaussures étaient parfaitement cousues. Chaque jour, il vendait ses chaussures et faisait ainsi plus d'argent.

Il n'avait jamais vu un travail si vite fait.

LES LUTINS ET LE CORDONNIER

Bientôt, le cordonnier réalisa qu'il avait beaucoup d'argent. Et comme Noël approchait, il trouvait que ça tombait à point. Se tournant vers sa femme, il lui dit :

– Pourquoi ne resterions-nous pas éveillés cette nuit, pour voir qui fabrique les chaussures à notre place ?

– C'est une bonne idée, répondit sa femme. Alors, il alluma une chandelle, et ils se cachèrent tous les deux derrière des manteaux accrochés au mur.

À minuit précis, deux petits lutins entrèrent dans la maison par la fenêtre. Ils s'installèrent aussitôt à la table de travail. Avec le cuir que le cordonnier avait taillé, ils commencèrent à coudre, marteler et assembler.

La surprise du cordonnier était grande. Il n'avait jamais vu un travail fait si vite. En un rien de temps, les lutins avaient fini de confectionner toutes les chaussures ; ensuite, ils s'esquivèrent rapidement par le même chemin qu'ils avaient emprunté pour entrer.

LES LUTINS ET LE CORDONNIER

Le cordonnier et sa femme allèrent ensuite se coucher. Le lendemain matin, au déjeuner, sa femme lui dit :

– Ces petits lutins nous ont rendus riches. Ils portaient des vêtements très légers et il fait si froid dehors... Pourquoi ne pas leur montrer notre reconnaissance en leur offrant des vêtements pour Noël ? Je peux trouver des chemises, des vestons et des pantalons. Je peux aussi leur tricoter des bas et tu pourrais leur fabriquer une paire de chaussures !

Le cordonnier fut d'accord. Le soir même, tous les cadeaux étaient prêts. Le cordonnier et sa femme placèrent les cadeaux sur l'établi, près de la table de travail. Encore une fois, ils se cachèrent et attendirent les lutins. À minuit sonnant, les deux lutins passèrent par la fenêtre et coururent à la table de travail. Ils étaient sur le point de s'asseoir et d'entreprendre l'ouvrage, quand ils virent les cadeaux.

Ils furent d'abord confus, car il n'y avait pas de cuir sur la table. Puis ils réalisèrent que les cadeaux étaient pour eux.

Ils enfilèrent leurs vêtements.

LES LUTINS ET LE CORDONNIER

Ils ouvrirent immédiatement les boîtes. Ils étaient ravis ! Ils enfilèrent leurs nouveaux vêtements et commencèrent à danser dans la pièce en chantant :

– C'est formidable ! C'est incroyable ! Nous avons des vêtements neufs et le travail est fait !

Les lutins détalèrent par la fenêtre et jamais plus on n'entendit parler d'eux. Le cordonnier et sa femme continuèrent à prospérer et vécurent toujours heureux.

Ils pensaient souvent aux deux mystérieux petits hommes qui avaient tant fait pour les aider et qui avaient disparu aussi vite qu'ils étaient apparus. Ils étaient fiers d'avoir pu faire quelque chose pour leurs deux petits ouvriers. Ils firent la promesse de toujours venir en aide aux autres lorsqu'ils le pourraient.

Hansel et Gretel

Il était une fois un père, une mère et leurs deux enfants, qui vivaient dans une forêt lointaine. Le garçon s'appelait Hansel et sa jeune sœur se prénommait Gretel. Leur vraie mère était morte plusieurs années auparavant. Leur père s'était remarié, de sorte que la femme de la maison était la belle-mère de Hansel et Gretel.

La forêt était dense, noire et faisait un peu peur aux enfants. Hansel et Gretel avaient peu de voisins et pratiquement pas d'amis. En fait, leur seul ami était un chat blanc, nommé Neige.

Mais Hansel pouvait les entendre.

HANSEL ET GRETEL

Un soir, alors que Hansel et Gretel jouaient avec Neige dans leur petite chambre, ils entendirent leur père et leur belle-mère parler fort dans la pièce d'à-côté.

– De quoi parlent-ils ? demanda Gretel.

– Attends ici, je vais voir, répondit Hansel.

Il quitta la pièce sans faire de bruit. Du corridor, il pouvait voir que la porte de la chambre de ses parents était fermée. Mais il pouvait les entendre.

– Couper du bois ne rapporte pas beaucoup d'argent cette année, disait la belle-mère. Il ne reste de la nourriture que pour une semaine.

– Tout le secteur est en difficulté, répliqua le père. Tout le monde a de la difficulté à se nourrir. Avec la sécheresse, la famine est partout.

– Mais tout le monde n'a pas deux bouches inutiles à nourrir, rétorqua la belle-mère avec colère. Si Hansel et Gretel n'étaient pas là, nous aurions assez à manger.

Les yeux bleus de Hansel s'écarquillèrent quand il entendit les paroles de sa belle-mère.

Est-ce qu'elle voulait se débarrasser de lui et de sa sœur ?

– Voici mon plan, continua la belle-mère. Demain matin, nous les emmènerons loin dans la forêt. Nous leur ferons un feu, leur donnerons quelques tranches de pain et on leur dira que nous serons de retour dès que tu auras fini de couper ton bois. Mais on ne reviendra pas et on ne les reverra jamais plus.

– Je ne peux pas faire ça ! hurla le père. Tu me demandes d'abandonner mes enfants aux fauves de la forêt. À la tombée du jour, les animaux sauvages les dévoreront. Leur vraie mère n'accepterait jamais une chose comme celle-là !

– Bien, si nous ne le faisons pas, nous allons tous mourir de faim. Qu'est-ce qui est mieux ? Qu'on meure tous, ou qu'on reste vivants tous les deux ?

Le père arrêta de parler. Hansel réalisa que sa belle-mère avait berné son père pour qu'il soit d'accord avec elle. Il se hâta de retourner dans sa chambre et raconta à Gretel ce qu'il avait entendu.

Gretel se mit à pleurer.

Gretel se mit à pleurer.

HANSEL ET GRETEL

– Nous serons dévorés avant minuit demain, se lamentait-elle.

– Non, cela n'arrivera pas, lui dit Hansel en prenant dans ses bras sa sœur qui tremblait. On se débrouillera, je te le promets.

La chandelle finit par s'éteindre et la chambre s'obscurcit. Gretel se coucha. Neige sauta sur son lit et se blottit dans ses bras.

– Tu ne viens pas te coucher ? murmura Gretel à son frère.

– Dans quelques minutes, répondit son frère. J'ai des choses à faire avant.

Hansel sortit en catimini de sa chambre. Celle de ses parents était sombre. Ils dormaient tous les deux. Sur la pointe des pieds, il se dirigea vers la porte d'entrée, l'ouvrit et s'éclipsa à l'extérieur.

Il faisait froid. Comme c'était presque la pleine lune, la forêt était très claire. Un hibou hulula dans un arbre du voisinage, ce qui fit sursauter Hansel. Puis il entendit le hurlement d'un loup au loin.

Hansel s'attaqua à son travail. Il ramassa plein de petits cailloux blancs et les mit dans ses poches. Il revint à la maison, ferma la porte et retourna dans sa chambre.

Gretel n'avait pas pu s'endormir. Elle lui demanda :

– Hansel, que fais-tu ?

– Ne t'en fais pas, Gretel. Comme je te le disais, nous saurons nous débrouiller.

Le lendemain matin, à la levée du jour, la belle-mère cogna bruyamment à la porte des enfants.

– Debout, vous deux ! cria-t-elle. Nous allons couper du bois dans la forêt.

Hansel et Gretel se regardèrent, mais ne dirent pas un mot. Ils connaissaient le plan de leur belle-mère.

Peu après, ils marchaient tous les quatre le long du sentier qui les emmenait dans la forêt. Hansel s'arrêta et se retourna.

– Pourquoi regardes-tu derrière toi ? cria la belle-mère. Continue à avancer !

– Je voulais juste saluer Neige. Il est sur le toit de la maison, lui dit Hansel.

– Tu n'es qu'un garçon stupide, dit-elle. C'est pas ton idiot de chat, c'est le soleil qui brille sur le toit. Allez, avance !

La piste de cailloux blancs

Mais Hansel ne regardait ni la maison, ni Neige. Il s'était retourné pour observer la piste de cailloux blancs qu'il faisait tomber tout le long du chemin. Il sourit à Gretel et continua à marcher dans la forêt.

Au bout d'une heure, ils étaient arrivés au milieu de la forêt. Il n'y avait plus de maisons, ni de gens, seulement un étroit sentier et quelques arbres flétris. La sécheresse avait gravement affecté les arbres.

– Je vais accompagner votre père pour couper du bois, leur dit la belle-mère. Vous attendrez ici, les enfants. Faites un feu et mangez votre pain. Nous serons de retour dans une heure.

La belle-mère tendit à Gretel une petite miche de pain.

– Papa, tu crois que nous serons en sécurité tout seuls dans la forêt ? demanda Hansel.

Le père se retourna et fixa son fils.

– Oui, vous serez très bien, dit-il doucement. Soyez prudents tous les deux, ajouta-t-il en embrassant Gretel sur le front et en tapotant l'épaule de Hansel.

HANSEL ET GRETEL

– Vite ou il n'y aura plus de lumière, gronda la belle-mère.

Peu après, les deux adultes avaient disparu dans les bois.

– Papa avait l'air si triste, dit Gretel. Il sait qu'il ne nous reverra jamais.

Et elle commença à pleurer.

– Il nous reverra, dit Hansel. Mangeons notre pain. Je meurs de faim.

Ils mangèrent avec avidité leur petite miche, ramassèrent des branchages et s'installèrent sur des roches pendant que la lueur du feu les gardait au chaud.

Soudain, ils entendirent un bruit assourdissant au loin.

– Ce doit être papa qui coupe un arbre, dit Hansel. Il en trouvera peut-être assez pour ne pas être obligé de nous abandonner, après tout. Allons voir !

Hansel et Gretel éteignirent le feu et partirent dans les bois. Ils coururent à travers la forêt, plongeant sous les racines et les branches. Le bruit assourdissant devenait de plus en plus rapproché.

La lueur du feu les gardait au chaud.

– Papa, papa, nous sommes ici, cria Gretel.

Soudain, ils restèrent figés sur place.

Ils venaient de comprendre d'où venait le bruit assourdissant. Ce n'était pas le bruit d'une hache coupant un arbre. C'était une branche morte qu'on avait attachée à un arbre ; en cognant contre l'arbre, elle émettait un son infernal.

– Ils ont fait ça exprès, pour nous faire croire qu'ils étaient ici. Ils sont partis depuis des heures sans doute, dit Gretel en pleurant.

Elle regarda autour d'elle.

– Maintenant, nous sommes perdus ; je ne connais pas cette partie de la forêt.

– Ça ira, lui dit Hansel. On va attendre que la lune nous éclaire.

Quelques heures plus tard, après le coucher du soleil, la lune apparut dans le ciel noir. Elle couvrit le sol d'un éclat blanc.

– Tu vois, c'est notre porte de sortie, cria Hansel. Comme prévu, les petits cailloux blancs qu'il avait semés le long du chemin brillaient avec éclat sur le sol. Hansel et Gretel suivirent la trace des cailloux et quelques heures plus tard, se retrouvèrent sains et saufs, devant leur maison.

– Notre maison ! cria Gretel.

Les deux enfants se précipitèrent dans la maison. La belle-mère faisait cuire une petite miche de pain. Leur père aiguisait sa hache.

– Oh mes enfants, vous êtes rentrés !

Et il les prit dans ses bras. La belle-mère leur lança un regard furieux.

– Mauvais enfants ! dit-elle. Pourquoi êtes-vous restés dans la forêt si longtemps ? Votre père et moi étions morts d'inquiétude.

– Désolé, dit froidement Hansel.

– Je crois que nous avons oublié la notion du temps.

La vie reprit son cours normal. La nourriture était rare et la belle-mère continuait à pousser le père à se débarrasser de ses enfants. Il lui disait que c'était cruel, mais il savait qu'un jour il se résignerait à le faire.

Ce que les parents ignoraient, c'est que Hansel savait le fond de l'histoire. Alors, tous les soirs

Elle était verrouillée et fermée à clé.

HANSEL ET GRETEL

avant d'aller se coucher, il collait l'oreille à la porte de leur chambre pour écouter ce qu'ils disaient.

– Demain, nous les emmènerons plus loin dans la forêt, dit la belle-mère. Cette fois-ci, nous nous assurerons qu'ils ne reviendront pas.

Hansel courut dans sa chambre. Gretel serrait Neige dans ses bras.

– Ils vont encore nous laisser dans la forêt demain, lui dit Hansel.

– Il est temps de ramasser à nouveau des cailloux, répondit Gretel en souriant.

Hansel hocha la tête. Il se dirigea vers la porte d'entrée. Elle était verrouillée et fermée à clé. Ne pouvant sortir, Hansel retourna dans sa chambre. Il raconta à Gretel ce qui leur arrivait. Gretel recommença à trembler.

– Sans les cailloux blancs, nous sommes fichus. Nous ne reviendrons jamais, on nous tuera, cria-t-elle.

– Chut ! lui dit Hansel en mettant un doigt sur ses lèvres. Il n'arrivera rien de mal. Je le sais. Tu dois avoir la foi et être confiante.

Gretel arrêta de trembler. Les deux enfants se couchèrent et essayèrent de s'endormir. Mais le sommeil ne les gagna que très tard, car ils avaient peur de ce qui allait se passer le lendemain.

Tôt le lendemain matin, la belle-mère frappa à leur porte avec un balai.

– Debout, debout fainéants! gronda-t-elle. Nous retournons dans la forêt. Voici quelques tranches de pain pour votre déjeuner. Attendez avant de les manger, car vous en aurez besoin plus tard.

La famille reprit encore le même sentier à travers les bois; ils s'éloignaient de la maison. Hansel se retourna pour la regarder.

– Pourquoi t'arrêtes-tu, garçon? lui demanda sa belle-mère. Pourquoi regardes-tu toujours la maison?

– J'ai cru apercevoir Neige qui sautait en bas de la cheminée, dit Hansel.

– Tu es aveugle comme une chauve-souris! dit la belle-mère. C'est de la cendre qui s'envole. Avance, sinon nous serons en retard!

Ce que les autres ne pouvaient voir, c'est que Hansel émiettait son pain le long du sentier. Il s'était retourné pour voir la trace que les miettes laissaient jusqu'à la maison. Il fit un clin d'oeil à Gretel, puis

Hansel émiettait son pain.

continua son chemin. Ils marchèrent pendant des kilomètres; ils ne s'étaient jamais enfoncés aussi loin dans les bois. Ils s'arrêtèrent brusquement.

– C'est suffisant! déclara la belle-mère. Nous avons beaucoup de bois à couper, votre père et moi. Restez ici et attendez-nous. Si vous êtes fatigués, faites un somme. Mais peu importe ce que vous ferez, ne bougez pas avant qu'on vienne vous chercher. Vous avez bien compris?

Hansel et Gretel hochèrent la tête.

– Au revoir papa, dit Gretel en l'embrassant.

– Au revoir, ma chérie, répondit le père, en la serrant dans ses bras. La belle-mère entraîna le père au loin. En peu de temps, ils avaient disparu.

– J'ai très faim, dit Hansel. Mais j'ai émietté tout mon pain le long du parcours.

– Partageons le mien, alors, dit Gretel.

Elle coupa son pain en deux et en donna la moitié à son frère. Ils mangèrent leur pain avec avidité. Puis, ils s'allongèrent au soleil; leurs yeux se fermaient tout seuls. Peu après, ils dormaient profondément.

HANSEL ET GRETEL

Hansel se réveilla en sursaut. Il jeta un regard autour de lui. Des heures avaient passé. La nuit tombait. Aucun signe de leurs parents. Il tapota l'épaule de Gretel.

– Nous sommes seuls, il fait noir, nous devons retourner à la maison.

– La lune est là, s'écria Gretel. Ce sera facile de voir les miettes de pain.

Mais il y avait un problème. Il n'y avait plus de miettes de pain sur le sentier. Des oiseaux et des animaux affamés avaient tout mangé ce qu'il avait semé sur son passage !

Hansel remarqua que des baies poussaient sur le sol. Il les ramassa et les nettoya. Puis Gretel et lui les mangèrent toutes.

Ensuite, ils errèrent ici et là, dans l'espoir de trouver la piste qui les sortirait des bois et qui les ramènerait à la maison.

Des heures passèrent. La nuit se changea en matin. Aucun animal ne les avait attaqués. Mais ils se sentaient de plus en plus faibles. S'ils ne mangeaient pas sous peu, ils allaient certainement

Des bonbons étaient parsemés sur le toit.

perdre connaissance. Hansel et Gretel étaient épuisés. Ils s'appuyèrent sur un arbre pour se reposer. C'était tôt le matin.

– C'est triste, murmura Gretel. Nous allons mourir ici et personne ne nous trouvera.

– Ne dis pas de telles choses, dit Hansel.

Mais sa voix devenait lasse. Il ne croyait plus ce qu'il disait. Il avait peur d'une fin terrible. Soudain, un oiseau blanc descendit du ciel et se posa sur une branche devant eux. L'oiseau commença à roucouler de belle façon.

– Il est si beau, dit Gretel. Si blanc. Tout comme Neige.

L'oiseau semblait pointer un endroit à Hansel et Gretel avec son aile. Le frère et la sœur se levèrent péniblement. L'oiseau s'envola et vola au-dessus d'eux. Il pépia et pointa son aile vers le bas.

– Regarde ! s'exclama Hansel alors qu'ils arrivaient dans une clairière. C'est une maison faite de bonbons.

Aussi incroyable que cela pouvait paraître, il y avait devant eux une petite maison faite de pain d'épice, avec un toit en gâteau parsemé de bonbons.

HANSEL ET GRETEL

Ils commencèrent à manger des morceaux de la maison avec avidité. Ils remarquèrent à peine une voix qui disait :

— J'entends une souris qui grignote, grignote. Qui mange ma maison ?

La bouche remplie de nourriture, Hansel et Gretel répondirent :

— Le vent, le vent ; il est très doux, il souffle comme un nouveau-né.

— Rien de tel que la bonne cuisine familiale, leur disait une voix rauque derrière eux.

Hansel et Gretel échappèrent leur nourriture et se retournèrent. Gretel laissa échapper un cri et Hansel faillit s'étouffer.

Une vieille femme laide, appuyée sur une canne, s'avança vers eux en boitant. Son corps était recouvert d'un long manteau noir et elle portait un chapeau pointu. Ses mains étaient tordues comme des racines d'arbre et ses ongles ressemblaient à des crocs prêts à leur transpercer la peau. Elle leur dit de sa voix rauque :

— Vous semblez aimer ma maison. Je vous invite, entrez.

Je vous invite, entrez.

– Nous devons partir, lui dit Hansel. Nos parents nous attendent.

La vieille femme lança un regard malicieux à Hansel.

– Vos parents vous laisseraient-ils seuls dans les bois s'ils vous attendaient ? questionna-t-elle.

Hansel ne sut quoi répondre.

– Vous n'avez pas besoin d'avoir peur, entrez.

Hansel et Gretel suivirent la vieille femme à l'intérieur. Elle leur prépara un repas comme ils n'en avaient pas mangé depuis longtemps. Puis elle les emmena dans une chambre où il y avait deux petits lits.

– Couchez-vous et reposez-vous. Demain matin, je vous préparerai un petit déjeuner copieux, leur dit-elle.

Quelques moments plus tard, Hansel et Gretel dormaient profondément. La vieille femme referma leur porte et retourna à la cuisine.

Elle ricanait. Il y avait bientôt deux semaines qu'elle n'avait pas attrapé d'enfants. Il faut dire que la vieille femme était une sorcière. Elle faisait semblant d'être gentille. Comme elle ne voyait pas très bien avec ses yeux rouges et méchants, elle avait dressé l'oiseau pour lui trouver des enfants. L'oiseau les lui emmenait. La sorcière nourrissait les enfants, et ensuite, elle les mangeait. Ça fonctionnait à chaque fois. Elle ricana encore.

Tôt le lendemain, avant le lever du soleil, la sorcière entrouvrit la porte de la pièce où les deux enfants dormaient encore à poings fermés. Elle tapota doucement l'épaule de Hansel. Il ouvrit les yeux.

– Viens avec moi, mon garçon. J'ai une surprise pour toi, lui dit-elle.

Hansel se frotta les yeux, sortit du lit et suivit la sorcière à l'extérieur.

– Où allons-nous ? demanda-t-il.

– Juste là, répondit-elle.

Elle ouvrit la porte d'un petit enclos. Hansel entra. Au même moment, la sorcière claqua la porte derrière lui et la verrouilla.

– Que faites-vous ? hurla Hansel.

Montre-moi ton doigt, mon petit.

HANSEL ET GRETEL

– Je prépare mon prochain repas, répondit la sorcière. Je dois t'engraisser un peu, tu feras ainsi un repas savoureux.

La sorcière se mit à rire si fort que Hansel frissonna de terreur.

Hansel essaya de s'échapper, mais la porte était solidement verrouillée. C'était une prison. Aucune issue. Hansel frappa sur les barreaux, mais en vain. Il était prisonnier de la sorcière. Il n'avait aucun moyen de s'évader.

Ensuite, la sorcière revint à la maison et réveilla Gretel en l'empoignant par les cheveux.

– Aïe ! cria Gretel. Que faites-vous ?

– Tu es sous mes ordres, ma petite, lui dit la sorcière d'une voix sordide. Je t'ordonne de nourrir ton frère à toutes les heures. Lorsqu'il sera assez gras, je le mangerai. Si tu ne m'obéis pas, je te dévore sur-le-champ !

Effrayée et en larmes, Gretel réalisa qu'il n'y avait aucun espoir. Si elle s'enfuyait, la sorcière mangerait Hansel de toute façon et elle mourrait sans doute dans la forêt. Si elle restait, ils auraient peut-être une chance de s'échapper.

HANSEL ET GRETEL

Au cours des jours suivants, Gretel amena à Hansel la nourriture préparée par la sorcière. Des plats exquis, riches, comme des rôtis de bœuf, du poulet en croûte, des gâteaux au chocolat. Quant à Gretel, elle n'avait la permission que de manger des céréales sèches, sans lait.

Après quelques jours de ce régime, la sorcière se rendit à l'enclos pour vérifier si Hansel avait pris du poids.

– Sors ton doigt petit, je veux voir si tu es un peu plus dodu, lui demanda-t-elle.

Mais Hansel savait que la sorcière était presque aveugle. Il avait secrètement conservé un petit os de poulet. Il passa l'os de poulet à travers les barreaux.

La sorcière frotta l'os.

– Aïe! Tu es mince comme un fil! Mon plan ne marche pas. Maigre ou gras, je te fais cuire demain. Je ne puis plus attendre. J'ai trop faim.

La sorcière réveilla Gretel tôt le lendemain matin.

– J'ai fait chauffer le four, dit-elle à la petite fille, et je veux savoir s'il est assez chaud pour faire rôtir ton frère. Regarde à l'intérieur.

Regarde à l'intérieur.

HANSEL ET GRETEL

La sorcière ouvrit la porte du four et poussa Gretel vers la porte. En fait, la sorcière avait si faim qu'elle avait décidé de faire cuire Gretel en premier, pour le déjeuner, et de déguster ensuite Hansel pour le dîner ou le souper. Elle voulait pousser Gretel dans le fourneau, fermer la porte et la faire cuire.

Gretel s'arrêta devant la porte du four.

– C'est trop noir à l'intérieur. Je n'y verrai rien, lui dit Gretel.

– Tu es aussi bête qu'une chèvre, dit la sorcière. Regarde comment je fais, moi.

La sorcière s'avança en boitant vers le four et se pencha.

– Tu vois, c'est tout ce que tu dois faire.

– Oh, ça a l'air facile, lui dit Gretel.

Tout en parlant, elle recula, puis bondit vers l'avant, en poussant la sorcière dans le four de toutes ses forces. La sorcière cria en tombant dans le four. Gretel referma vite la porte du four et la verrouilla.

– Bête comme une chèvre ? Ou habile comme un renard ? dit Gretel.

HANSEL ET GRETEL

Puis elle courut à l'extérieur. Elle trouva la clé pour ouvrir l'enclos de Hansel.

– Tu as réussi ! cria-t-il en se lançant dans les bras de sa sœur. Je savais que tu étais plus futée qu'elle. On va s'en tirer, après tout.

Le frère et la sœur rirent et dansèrent en se tenant par la main. Ils retournèrent dans la maison de la sorcière. Le bruit provenant du fourneau avait cessé. La sorcière ne criait plus, elle était morte.

– J'ai vu des choses ici, lui dit Hansel, qui pourraient nous être utiles quand nous rentrerons à la maison.

Ce que Hansel avait vu, c'était de grandes boîtes métalliques remplies de diamants, de rubis, de saphirs, de perles et d'or. Ils remplirent leurs poches de bijoux.

– Voyons maintenant si nous retrouverons le chemin de la maison, dit Gretel.

Ils partirent en courant. Peu de temps après, ils se retrouvèrent dans une partie de la forêt qui leur semblait familière. Ils sautèrent de joie.

Ils sautèrent sur le dos du canard.

HANSEL ET GRETEL

– Je reconnais ce grand arbre! dit Hansel.
Avant longtemps, nous serons sur la piste qui
nous mènera à la maison.

Il y avait encore une embûche sur leur chemin.
Ils devaient traverser la rivière aux canards. Elle
était trop large pour qu'ils la traversent à la nage
et ils n'avaient pas de barque.

Ils entendirent soudain caqueter à proximité.
Un énorme canard blanc barbota jusqu'à eux.

– Il nous aidera peut-être, dit Gretel.

– Je n'ai jamais parlé avec un canard de ma vie,
dit Hansel. Essaie, toi.

– Aidez-nous, aidez-nous, monsieur le canard;
lui, c'est Hansel et moi, Gretel. On ne peut pas
nager, c'est beaucoup trop loin, trouvez-nous un
moyen de traverser!

– Les canards sont faits pour ça! Tous à bord!
dit l'oiseau.

Hansel et Gretel sautèrent sur le dos du
canard, qui commença à s'enfoncer sous l'eau.

– Hum, dit-il, un à la fois, ce serait mieux.

Il barbota jusqu'à l'autre rive avec Gretel sur

son dos puis revint chercher Hansel et le fit traverser à son tour.

– Merci, M. le canard, lui dit Gretel.

Le canard caqueta joyeusement et retourna barboter sur la rivière.

– Nous ne sommes même pas mouillés, dit Hansel en riant.

La forêt leur était maintenant familière. Hansel et Gretel marchèrent encore plusieurs heures quand soudain, au tournant d'un sentier, ils aperçurent leur demeure. Ils coururent à toutes jambes et rentrèrent dans la maison. Leur père était assis à une table, en train de lire un recueil de poèmes tristes. Il n'avait pas été heureux un seul instant depuis qu'il avait perdu ses deux enfants bien-aimés.

– Père, nous sommes là ! dit Hansel.

Le père se retourna. Ses yeux se remplirent de larmes. Il se précipita pour embrasser ses enfants.

– C'est un miracle ! cria-t-il.

Hansel et Gretel lui racontèrent toutes leurs aventures. Ils réalisèrent soudain qu'ils n'avaient pas encore vu leur belle-mère.

Hansel étala les bijoux sur la table.

– Elle est partie, dit leur père. Elle m'a dit qu'elle n'était pas heureuse avec moi, alors elle a fait sa valise et a disparu.

– Tant pis pour elle, dit Hansel. Si elle était restée, elle aurait pu profiter de tout ceci.

Il étala sur la table de la cuisine tous les bijoux qu'il avait rapportés. Gretel fit de même. Le père était bouche bée.

– Père, nous sommes riches, dit Gretel en riant et pleurant à la fois.

– Oui, nous sommes riches, dit le père. Mais rien ne me rendra plus riche que d'avoir mes deux enfants auprès de moi.

Le père continua à aller travailler dans la forêt pour gagner sa vie, mais grâce au trésor de la sorcière, la famille n'eut plus jamais le souci de ne pas pouvoir manger à sa faim.

Les enfants étaient si contents d'avoir retrouvé leur cher père, que toute la famille vécut heureuse, pour toujours.

Rumpelstiltskin

Il était une fois un meunier qui vivait avec sa femme et sa très jolie fille, dans un royaume au bord de la mer. Ils habitaient dans une petite hutte, à l'extérieur du village. Ils étaient si pauvres, que souvent ils se couchaient le soir, le ventre vide.

Un jour, le roi passa dans le village, dans son carrosse tiré par des chevaux ; il était accompagné de ses gardes, serviteurs et conseillers, tous à cheval.

Le père, qui était désespéré, s'adressa au roi.

– Votre majesté, j'ai une fille qui peut changer la paille en or ! cria-t-il au roi.

Une petite hutte

RUMPELSTILTSKIN

— Halte ! ordonna le roi au cocher.

Il sortit la tête de son carrosse et fixa l'homme en haillons. Le roi et ses conseillers éclatèrent de rire.

— Changer la paille en or ? Ridicule.

Mais le roi semblait très intrigué.

— C'est un don que j'apprécierais grandement. Amène ta fille au château demain. Je verrai bien si tu dis la vérité.

Ensuite le roi ordonna à son cocher de poursuivre sa route.

Un homme qui était debout près du meunier lui dit :

— As-tu perdu la tête ? Personne ne peut changer de la paille en or. Le roi punira ta fille si elle est incapable de le faire.

Le meunier savait que c'était vrai. Mais il était si pauvre et désespéré, qu'il devait faire quelque chose. Peut-être que des anges le prendraient en pitié et que sa fille, miraculeusement, changerait la paille en or.

Le lendemain matin, le meunier emmena sa fille aux portes du château.

RUMPELSTILTSKIN

— Père, lui dit-elle, je ne sais pas comment changer la paille en or. Le roi sera en colère contre moi.

Et elle commença à trembler de tous ses membres.

Le meunier prit sa fille dans ses bras.

— Tu as été une bonne et brave fille toute ta vie, dit-il. Je sais que tu réussiras à accomplir cette tâche.

— Le roi attend la fille ! cria un garde aux portes du château.

Le père embrassa sa fille sur les joues. Il essuya une larme, se retourna et s'en alla le plus rapidement possible.

Le garde ouvrit la porte et la belle fille entra. Elle n'avait jamais mis les pieds dans un château auparavant. Et là, elle était à l'intérieur du château d'un roi !

Elle entendit une voix sévère derrière elle ; elle se retourna et aperçut le roi. Il portait ses vêtements royaux de cérémonie et la regardait avec des yeux bleus perçants.

Commence, ordonna le roi.

RUMPELSTILTSKIN

– Suis-moi, jeune fille, dit-il.

Le roi la conduisit en haut d'un escalier. Il ouvrit la porte d'une chambre où il n'y avait ni fenêtre, ni table, ni chaise. Les seuls objets qu'il y avait dans la pièce étaient un rouet et du foin.

– Ton père affirme que tu peux changer la paille en or. C'est le moment de le prouver. Si tu ne transformes pas toute la paille qu'il y a ici en or, je te condamnerai à mort. Commence, ordonna le roi.

Le roi sortit, claqua la porte et la ferma à clé. La jeune fille était seule dans la pièce avec la paille et le rouet.

– Que vais-je faire? murmura-t-elle en tombant à genoux. C'est une tâche impossible. Demain, on me mettra à mort.

Et elle commença à pleurer de désespoir.

Soudain, elle eut froid et pour un instant, la chambre s'obscurcit. Ensuite, la porte qui était verrouillée, s'ouvrit. Un petit homme entra et la porte se referma derrière lui.

– Qui êtes-vous? Comment êtes-vous entré? lui demanda la jeune fille en tremblant et en fixant le petit homme.

RUMPELSTILTSKIN

Il n'était pas plus grand que trois pommes.

– Il serait préférable que ce soit moi qui pose les questions, lui répondit le nain.

Sa voix était rauque et son gros nez rouge se balançait d'un côté à l'autre.

– Que voulez-vous savoir? lui demanda-t-elle.

– Je veux savoir pourquoi une si jolie fille pleure, lui répondit le nain.

– Je dois changer toute cette paille en or d'ici à demain, sinon le roi me mettra à mort. Je pleure parce que je ne réussirai pas à le faire et que demain, je ne serai plus en vie.

– Je le ferai à ta place, lui dit le nain, en la regardant fixement.

– Vous le ferez? s'exclama la fille. C'est merveilleux. Comment puis-je vous remercier?

– En me donnant le collier en argent que tu portes au cou.

La jeune fille toucha le collier. C'était un cadeau de sa grand-mère qui était décédée. Mais comme elle savait que sa grand-mère aurait voulu la savoir vivante, elle enleva le collier et le tendit au petit homme.

Donne-moi ton collier en argent.

RUMPELSTILTSKIN

Il plaça rapidement le collier dans sa poche, puis s'installa au rouet. Il prit une poignée de paille, fit rouler très vite la roue et miraculeusement, la paille se transforma en or !

La fille regardait le nain en silence, tandis qu'il continuait à transformer la paille en or et que des amoncellements d'or s'accumulaient par terre.

Comme elle était épuisée par tous les événements de la journée, elle s'endormit doucement.

Lorsqu'elle se réveilla le lendemain matin, le nain avait disparu. La paille avait disparu aussi. À sa place, il y avait des piles d'or. La porte de la chambre s'ouvrit. Le roi et ses gardes firent irruption dans la pièce.

– C'est extraordinaire ! dit le roi. Tu peux réellement changer la paille en or.

– Puis-je retourner à la maison maintenant ? dit la fille. Elle savait que son père était inquiet pour elle.

– Non ! hurla le roi, les yeux remplis de convoitise. On emmena la fille dans une pièce encore plus grande que la première. Celle-là était remplie de paille jusqu'au plafond.

— Tu as jusqu'à ce soir pour transformer cette paille en or, annonça le roi. Sinon, je te ferai mettre à mort sur-le-champ.

Le roi et ses hommes quittèrent la pièce en enfermant la fille dans la chambre. Elle fondit en larmes et gémit.

À nouveau, elle sentit un coup de vent dans la chambre sans fenêtre et des frissons lui parcoururent le corps.

— Je veux ta bague cette fois-ci, lui dit la voix familière.

Le nain était à côté d'elle. Il fixait le doigt de la jolie fille.

— Ma grand-mère m'a donné cette bague sur son lit de mort, dit la fille. Je lui ai promis de ne jamais m'en défaire.

— Alors, tu perdras la vie, ricana le petit homme. Si tu ne me donnes pas la bague, je ne changerai pas la paille en or.

La jolie fille n'avait pas le choix. Elle retira sa bague et les yeux en larmes, la tendit au nain.

Puis-je retourner à la maison maintenant ?

RUMPELSTILTSKIN

Il la mit rapidement dans sa poche, s'installa au rouet et commença à transformer la paille en or. La roue tournait si vite que la jeune fille en fut étourdie. Elle ferma les yeux.

Lorsqu'elle les rouvrit quelques heures plus tard, le petit homme avait disparu. La pièce entière était remplie d'or du plancher jusqu'au plafond.

Le roi et ses hommes firent à nouveau irruption dans la pièce.

— Magnifique, s'exclama le roi. Il reste une autre pièce remplie de paille. Tu la changeras en or. Ensuite, je te récompenserai.

— Comment ? demanda la jolie fille.

— Tu deviendras ma femme, lui dit le roi, en touchant l'or. Tu deviendras la reine de ce royaume. Il se retourna vers ses serviteurs et dit : qu'on l'emmène dans la grande chambre sur-le-champ !

Comme on entraînait la fille terrifiée, le roi se mit à rire.

— Elle n'est que la fille d'un meunier, dit-il à un de ses conseillers, mais elle m'a rendu l'homme le plus riche de la terre.

RUMPELSTILTSKIN

On emmena la fille dans une immense pièce. Elle était plus grande que les deux autres réunies. Elle n'avait jamais vu autant de foin de sa vie. Les serviteurs refermèrent la porte et la verrouillèrent.

À nouveau, elle sentit le vent et l'air devint glacial pendant un moment. Le nain était debout à côté du rouet.

– Que me donneras-tu cette fois-ci pour que je change la paille en or ? lui demanda-t-il.

– Je n'ai plus de bijoux, geignit la fille. Je vous ai donné tout ce que je possédais.

– Il y a une chose que tu peux me donner, lui dit le nain.

– Et qu'est-ce que c'est ? demanda la fille.

– Une promesse, répondit-il.

– Une promesse ? demanda-t-elle à la fois surprise et inquiète. Et que voulez-vous ?

– Si je transforme toute cette paille en or, il faut que tu me promettes de me donner ton premier enfant, quand tu seras la reine.

La fille regarda le nain d'un air éberlué. Lui donner son enfant ? En ce moment, avoir un

Tu as bien travaillé, ma chère.

enfant était le moindre de ses soucis. Elle ne pensait qu'à ne pas perdre la vie.

– Oui, dit-elle. Si le roi m'épouse et que j'ai un enfant, vous avez ma promesse que je vous donnerai cet enfant.

Sûr de cette promesse, le nain s'installa au rouet et peu après, la paille était transformée en or.

Le lendemain, le roi pénétra dans la grande pièce. Il n'en croyait pas ses yeux. Il y avait plus d'or dans cette pièce qu'il n'y en avait dans le monde entier.

– Tu as bien travaillé ma chère, dit le roi en mettant les mains de la jolie jeune fille dans les siennes. Je suis très content.

Le mariage eut lieu le lendemain soir. Ce fut un grand événement. Les gens du royaume dansèrent, dînèrent et rirent. Ils étaient stupéfaits de voir autant d'or dans toutes les pièces du château.

Un an plus tard, la jeune reine donna naissance à un fils. Elle avait complètement oublié la promesse qu'elle avait faite au petit nain.

RUMPELSTILTSKIN

La reine était dans sa chambre, en train de bercer son bébé, lorsqu'elle sentit un coup de vent et la pièce devenir froide tout d'un coup.

– Je prends le bébé maintenant, lui dit une voix grinçante derrière elle. Il m'appartient.

La reine aperçut le nain qui était au pied de son lit. La promesse ! Elle s'en souvenait, maintenant !

– Oh non, de grâce, lui dit la reine. Je vous donnerai tout ce que vous voulez. De l'or, des diamants, des chevaux, mes terres, mais ne prenez pas mon très cher petit bébé.

La reine se mit à pleurer. Le nain était un homme bizarre, mais il avait des sentiments. Il comprenait la douleur de la reine à devoir se séparer de son bébé.

– Je te propose un marché lui dit le nain. Si tu devines mon nom dans les trois prochains jours, je disparaîtrai à jamais et tu pourras garder ton bébé. Si tu ne trouves pas mon nom, le bébé est à moi.

Berçant son jeune bébé

RUMPELSTILTSKIN

La reine réalisa qu'elle n'avait pas d'autre choix que d'accepter le marché du nain.

– Je reviendrai demain, lui dit le petit homme. Je verrai bien si tu sauras trouver mon nom.

Et le nain s'en alla. La reine se mit à nommer tous les noms qu'elle connaissait. Elle appela ses bonnes et ses serviteurs pour l'aider dans cette tâche.

Le nain fut de retour le lendemain.

– Alors? demanda-t-il. Quel est mon nom?

– Est-ce Kaspar? demanda-t-elle.

Le nain fit signe que non.

– Est-ce Melchior? Balzar? Therig?

À chaque nom, le nain faisait signe que non.

– C'est assez pour aujourd'hui, dit-il. Je reviendrai demain. Il te reste deux jours pour deviner mon nom.

La reine envoya ses serviteurs dans les villages et les campagnes pour trouver des noms. Quand le nain revint le lendemain, elle avait une longue liste de noms.

La reine commença à énumérer les noms.

– Ribsoboeuf ? demanda-t-elle. Ragoût ? Côtelette ? Brochet ? Empaillé ?

À chaque nom, le petit homme fit signe que non de la tête.

– C'est assez pour aujourd'hui, dit-il. Je reviendrai demain. Rappelle-toi que demain, c'est ta dernière chance pour deviner mon nom.

La reine veilla toute la nuit, essayant de trouver de nouveaux noms, des noms inhabituels qui auraient pu convenir au nain. Pendant qu'elle faisait une liste, un serviteur entra dans sa chambre.

– Votre majesté, j'ai vu une chose étrange, lui dit-il. J'escaladais une montagne loin d'ici, cherchant quelqu'un qui connaîtrait le nom de cet étrange nain. En m'approchant d'une petite chaumière, j'ai vu qu'un feu brûlait dans la cheminée. Un petit homme étrange dansait autour du feu en chantant :

« Aujourd'hui, la pâte lève, demain je la cuirai
Bientôt, le fils de la reine sera à moi.
Oh, que c'est dur de jouer à mon jeu,
Car mon nom est Rumpelstiltskin. »

J'ai vu une chose étrange.

RUMPELSTILTSKIN

La reine fut si soulagée et si contente, qu'elle donna au serviteur deux kilos d'or en récompense. Elle s'endormit paisiblement ensuite et attendit les premières lueurs du jour.

Le lendemain matin, quand elle se réveilla, les rideaux de sa chambre se soulevèrent et une brise fraîche traversa la pièce. La reine frissonna. Elle savait que le nain venait d'arriver.

– C'est le troisième jour, lui dit-il de sa voix grinçante. Si tu ne devines pas mon nom, je repars avec le bébé.

La reine mordit ses lèvres.

– Est-ce Kunz? demanda-t-elle.

– Pas du tout, répondit le nain.

– Est-ce que ça pourrait être Heinz?

– Non, dit le petit homme, qui s'était approché du lit et qui se penchait pour prendre le petit bébé.

– Je vais essayer un dernier nom, lui dit la reine. Si ce n'est pas le bon, mon bébé est à toi.

– J'attends, dit le nain.

Ses mains étaient sur le point de prendre le bébé.

RUMPELSTILTSKIN

– Je parie que ton nom est Rumpelstiltskin, dit la reine en souriant.

Il se retourna instantanément, le visage incrédule.

– Le diable te l'a dit, le diable te l'a dit !

Son pied frappa le sol si fort qu'il traversa le plancher. Il hurla de rage, prit son autre pied entre ses mains et, dans un accès de colère, se déchira en deux ! Puis il disparut en fumée. La reine serra tendrement son bébé dans ses bras ; elle savait maintenant qu'elle et sa famille vivraient toujours heureux.

Dans un accès de colère

Le petit chaperon rouge

Il était une fois, dans un petit village situé près d'une forêt, une maman qui habitait une maison avec sa petite fille.

La fillette était la plus gentille et la plus belle enfant du village. Tout le monde l'aimait. Mais personne ne l'aimait plus que sa grand-mère, qui vivait dans une maison située de l'autre côté de la forêt.

La grand-maman aimait tellement sa petite-fille, qu'elle lui avait fait une cape rouge avec un capuchon, pour sa fête. La fillette l'aimait beaucoup et la portait presque tous les jours. En peu

LE PETIT CHAPERON ROUGE

de temps, tous les gens du village l'avaient surnommée le petit chaperon rouge.

Un matin, la maman appela le petit chaperon rouge dans la cuisine.

– J'ai appris que ta grand-mère ne se sent pas bien, dit sa mère. Alors, j'ai fait cuire du pain et fait du cidre pour que tu les lui apportes. Elle se sentira peut-être mieux.

– Je suis désolée que grand-mère soit malade et je serais ravie d'aller la visiter, répondit le petit chaperon rouge.

– Je vais mettre le pain et le cidre dans un panier, lui dit sa mère. Tu dois traverser la forêt et aller directement chez ta grand-mère. Tu ne dois pas t'arrêter pour jouer et à aucun moment tu ne dois parler à des étrangers. Tu as bien compris ?

– Oui maman, répondit doucement le petit chaperon rouge.

Peu après, elle quittait la maison, son panier sous le bras, sautillant le long du sentier qui la menait à la forêt.

Le petit chaperon rouge bondit de surprise.

LE PETIT CHAPERON ROUGE

Elle aimait voir les rayons du soleil briller à travers les branches d'arbres. Elle adorait les couleurs et les odeurs parfumées des fleurs et des plantes tout autour d'elle. Elle souriait aux petits oiseaux et aux animaux qu'elle voyait dans les branches. Elle éclata de rire quand un écureuil lui dit:

– Bonjour !

– Bonjour à vous, M. l'écureuil, répondit-elle, en lui donnant une noix qu'elle avait dans sa poche.

L'écureuil, content, disparut dans un arbre et mangea sa noix.

– Tu es une gentille petite fille, lui dit une voix tonitruante derrière elle.

Le petit chaperon rouge bondit de surprise, effrayée. Elle échappa presque son panier. Elle venait de voir un énorme loup !

Elle avait déjà entendu dire que les loups étaient dangereux et qu'ils dévoraient les gens quand ils avaient faim, mais celui-ci semblait gentil. Il était bien habillé, avec un beau veston, portait un élégant chapeau et des gants en cuir.

LE PETIT CHAPERON ROUGE

— J'aime tous les animaux de la forêt, répondit le petit chaperon rouge, pendant que le loup s'avançait vers elle.

— Es-tu venue ici pour jouer ? lui demanda le loup.

— Non, répondit-elle. Je suis en route pour aller visiter ma grand-mère qui est malade.

— Désolé d'entendre qu'elle est malade, dit-il. Où demeure ta grand-mère ?

— De l'autre côté de la forêt, répondit le petit chaperon rouge. La première maison entre les trois arbres.

— Je vois, dit le loup.

Il lança un regard sur son panier.

— Lui amènes-tu quelque chose à manger ?

— Oui, dit le petit chaperon rouge. Du pain et du cidre de pommes.

— C'est très bien, dit le loup. Mais tu devrais peut-être lui amener des fleurs aussi. Il y a de jolies fleurs mauves qui poussent le long du sentier.

Le petit chaperon rouge regarda les fleurs le long du sentier. Elles étaient très belles. Elle n'en

Un beau cadeau pour sa grand-mère

avait jamais vues d'aussi belles. Ce serait un beau cadeau pour sa grand-mère.

– C'est une bonne idée, lui répondit le petit chaperon rouge. Je vais aller en cueillir quelques-unes pour ma grand-maman.

– Ravi d'avoir pu être utile, dit le loup, en s'inclinant pour la saluer avec son chapeau.

Le loup se retourna et disparut dans les bois. Le petit chaperon rouge se pencha et commença à ramasser les fleurs mauves.

Comme elle les plaçait dans son panier, elle se rappela que sa mère lui avait dit de ne pas parler aux étrangers. Mais le loup semblait gentil, contrairement à ce qu'elle avait déjà entendu dire à leur sujet.

Elle continua à ramasser des fleurs et à fredonner une chanson qu'elle aimait.

Entre-temps, le loup avait couru aussi vite que possible à travers la forêt. Il ricanait. «Quelle fillette stupide, se dit-il à lui-même. Non seulement elle me dit où demeure sa grand-mère, mais elle me laisse la tromper, en la retardant dans la forêt, de sorte que j'arriverai chez sa grand-mère avant elle. Toutes les deux feront un excellent repas. »

Le loup se lécha les babines. Quelques instants plus tard, il arriva au bout de la forêt. Sous l'un des trois chênes, il y avait une petite maison. Le loup cogna à la porte.

– Qui est là? demanda d'une faible voix la vieille femme.

– C'est moi grand-mère, répondit le loup, en essayant d'imiter de son mieux la voix du petit chaperon rouge.

– Le petit chaperon rouge, ma chère petite fille, dit la vieille femme. Entre! Ouvre le loquet, je suis dans ma chambre.

Le loup ouvrit le loquet, entra dans la maison et referma la porte derrière lui. Il courut jusqu'à la chambre. La vieille grand-mère s'était levée, près de son lit. Elle écarquilla les yeux en voyant le loup.

– Tu n'es pas ma petite fille! hurla-t-elle.

– Non, mais vous êtes mon déjeuner, répliqua le loup en riant.

La maison de grand-mère

LE PETIT CHAPERON ROUGE

La vieille femme ferma les yeux et perdit connaissance.

– Je la mangerai plus tard, dit le loup. Je dois vite me préparer pour ma visiteuse.

Le loup traîna la grand-mère évanouie jusqu'au placard, ouvrit la porte et la laissa tomber lourdement à l'intérieur.

Il sortit ensuite une robe de nuit et un bonnet de nuit du placard puis referma la porte et la verrouilla, avec la pauvre grand-mère enfermée à l'intérieur.

Le loup enfila la robe de nuit et mit le bonnet en vitesse, puis s'allongea sur le lit, en montant les couvertures jusqu'à son menton. Il riait. « Je n'ai pas eu un bon repas depuis une semaine. Aujourd'hui, je vais avoir tout un festin ! »

Quelques instants plus tard, il entendit frapper à la porte.

– Qui est là ? demanda-t-il, en faisant de son mieux pour imiter la voix de la grand-mère.

– Grand-mère, c'est le petit chaperon rouge.

– Oh, ma chère enfant, ouvre le loquet et entre. Je suis dans la chambre, dit le loup d'une voix faible.

LE PETIT CHAPERON ROUGE

Le petit chaperon rouge ouvrit la porte, entra dans la maison et se dirigea allègrement vers la chambre. Elle jeta un coup d'œil sur sa grand-mère et sursauta. Grand-mère doit vraiment être très malade; elle ne l'avait jamais vue ainsi.

— Je t'ai apporté du cidre et du pain que maman a faits, dit-elle. Je t'ai aussi apporté de belles fleurs que j'ai trouvées dans la forêt.

— Elles sont magnifiques, dit le loup. Approche-toi, afin que je puisse mieux les voir.

Le petit chaperon rouge s'approcha du lit pour mieux voir sa grand-mère. Elle était sidérée par son allure si étrange.

— Grand-mère, quels grands yeux tu as, lui dit le petit chaperon rouge.

— C'est pour mieux te voir, mon enfant, lui répondit le loup d'une voix rauque, essayant d'imiter celle de la vieille femme.

Le petit chaperon rouge remarqua quelque chose d'autre qui la surprit beaucoup.

Grand-mère avait une allure très étrange.

LE PETIT CHAPERON ROUGE

– Grand-mère, quelles grandes oreilles tu as !

– C'est pour mieux t'entendre, mon enfant, dit le loup. Mais si tu t'approches davantage, je te verrai et t'entendrai mieux.

Le petit chaperon rouge avait le pressentiment que quelque chose ne tournait pas rond. Elle s'approcha lentement du visage de sa grand- mère.

– Grand-mère, dit-elle, comme tu as de grandes dents !

– C'est pour mieux te manger, mon enfant ! hurla le loup.

Il bondit de son lit, arracha sa robe de nuit et sauta sur le petit chaperon rouge.

La fillette poussa un cri et se sauva du loup qui courait derrière elle, autour de la chambre. Puis elle se réfugia sous une chaise, hurlant de toutes ses forces.

Heureusement, au même moment, un bûcheron coupait du bois non loin de là. Au son des cris, il se précipita vers la maison, sa hache à la main, entra et courut jusqu'à la chambre.

LE PETIT CHAPERON ROUGE

– Aidez-moi, je vous en prie, il va me manger ! cria le petit chaperon rouge.

– Oh non, il ne te mangera pas, dit le bûcheron.

Utilisant sa hache comme un marteau, il frappa la tête du loup à deux reprises.

Le loup lâcha le petit chaperon rouge et s'affaissa sur le sol.

– Merci, vous m'avez sauvé la vie ! dit le petit chaperon rouge en embrassant l'homme.

– Je suis content d'avoir été là, répondit-il. Ce loup dupait les gens depuis très longtemps. Il ne le fera plus jamais.

Le petit chaperon rouge cria à nouveau.

– Qu'est-ce qu'il y a ! demanda l'homme des bois.

– Ma grand-mère ! répondit-elle. C'est sa maison. Je suis venue ici parce qu'elle était malade. Où est-elle ? Grand-maman ! cria le petit chaperon rouge, en regardant de tous les côtés.

Elle entendit un faible cri venant du placard.

– Aidez-moi ! disait la vieille femme d'une faible voix.

Tous les trois s'assirent.

LE PETIT CHAPERON ROUGE

– Grand-mère ! cria le petit chaperon rouge, en courant vers le placard. Puis elle essaya de tourner la poignée.

– Elle est fermée à clé ! s'écria-t-elle.

– Recule-toi, dit le bûcheron.

Il leva sa hache et d'un seul coup, brisa la porte en deux. L'homme entra dans le placard et aida la grand-mère à sortir de là.

– Grand-mère, tu n'es pas blessée ? lui demanda le petit chaperon rouge en l'embrassant.

– Je suis un peu étourdie, mais ça ira maintenant, chère petite, dit-elle, en prenant sa petite-fille dans ses bras et en souriant au bûcheron.

Tous les trois s'assirent autour de la table de la cuisine, mangèrent le pain et burent le cidre de pommes. Le petit chaperon rouge leur raconta comment elle avait rencontré le loup dans la forêt et combien elle était désolée de la frayeur qu'elle avait causée à sa grand-mère.

– Je souhaite venir te visiter encore très souvent, dit le petit chaperon rouge.

LE PETIT CHAPERON ROUGE

– Tu reviendras, ma chérie, répondit-elle. Mais à l'avenir, ne t'arrête pas pour parler aux étrangers.

– Surtout si ce sont des loups, ajouta le bûcheron.

Le petit chaperon rouge fut d'accord avec les conseils qu'on venait de lui donner. Elle visita sa grand-mère très souvent et ils vécurent toujours très heureux.

De nombreuses visites

Raiponce

Il était une fois un homme et sa femme qui vivaient dans une petite maison, dans un pays montagneux.

C'étaient de braves gens et tout le monde du village les aimait. Ils étaient heureux, mais quelque chose leur manquait: ils n'avaient pas d'enfant.

Un jour, la femme revint à la maison, en souriant.

– J'ai de bonnes nouvelles! dit-elle à son mari. Nous allons avoir un enfant!

Ils n'avaient jamais été aussi heureux de leur vie.

RAIPONCE

Ils commencèrent à penser au nom que porterait le bébé. Le lendemain, la femme passa la matinée à penser à divers noms tout en regardant par la fenêtre arrière de la maison, qui donnait sur un jardin voisin.

Puis, elle écarquilla les yeux de surprise, réalisant qu'elle regardait les plus beaux navets qu'elle avait vus de sa vie. Ils étaient mûrs, prêts à être cueillis. Elle eut alors très envie d'en manger un.

Son désir de manger des navets devint si grand qu'elle refusa dès lors de manger autre chose ; elle commença à être pâle et faible.

Son mari était très inquiet.

– Ça ne va pas, ma chérie ? demandait-il. Nous aurons un enfant bientôt, tu devrais manger et te garder en santé.

– Je ne serai pas heureuse avant d'avoir goûté aux navets de ce jardin, lui dit-elle. Si je n'en mange pas, je sais que j'en mourrai.

Le mari était terrifié. Il savait qu'il était important que sa femme mange quelque chose, sinon, le bébé et elle allaient mourir. Mais personne n'avait

Le mari grimpa le mur.

jamais mis les pieds dans ce jardin parce qu'il appartenait à une vieille sorcière. Le bruit courait que si elle apercevait quelqu'un dans son jardin, il lui arriverait malheur.

Mais la situation était urgente. Alors, ce soir-là, le mari grimpa le mur et sauta dans le jardin de la sorcière. Il ramassa rapidement quelques navets, courut vers la clôture, la grimpa et retourna chez lui.

Sa femme fut très heureuse.

– Ces navets sont magnifiques ! dit-elle.

Elle les coupa et les fit cuire ; son mari et elle les mangèrent pour leur dîner.

– Il étaient très bons, dit le mari en finissant son repas. Tu es contente maintenant ?

– Pour ce soir, ça va, dit sa femme. Mais demain, il m'en faudra d'autres. Je dois absolument manger d'autres navets.

Le mari maugréa. Il allait devoir risquer sa vie encore une fois pour ramener d'autres navets. Le lendemain après-midi, il sauta la clôture et commença à arracher d'autres navets.

RAIPONCE

— Alors, c'est toi le voleur de navets! grommela une voix en colère derrière lui.

Surpris, il se retourna. Il était en train de regarder la femme la plus laide qu'il ait vue de sa vie. Elle n'avait presque plus de dents, sa peau était ridée et ses yeux jaunes ne clignaient pas.

— Je te punirai pour ton crime, dit-elle, en se préparant à jeter un sort au mari.

— Non, pardonnez-moi, dit-il en tombant à genoux. J'ai pris ces navets parce que ma femme, qui doit bientôt donner naissance à un enfant, disait qu'elle allait mourir si elle ne mangeait pas de vos navets.

La sorcière fit une pause. Sa colère disparut.

— Dans ce cas, prenez autant de navets qu'il vous plaira.

— Merci, dit le mari en se relevant.

— Je n'ai qu'une faveur à vous demander, ajouta la sorcière.

— Une faveur? dit le mari.

Il savait que la sorcière était sur le point de lui dire quelque chose de terrible.

Prenez-en autant qu'il vous plaira.

RAIPONCE

– Oui, dit la sorcière. En échange des navets, vous me donnerez votre enfant dès qu'il sera au monde. Je m'en occuperai comme si j'étais sa mère.

Le mari était sidéré, mais sa femme allait mourir sans les navets. Il n'avait pas le choix, il devait se rendre aux demandes de la sorcière.

Quelques semaines plus tard, la femme donna naissance à une très belle petite fille. La sorcière arriva au milieu de la nuit et prit le bébé.

– Je t'appellerai Raiponce, dit la sorcière, en berçant le bébé.

Elle éclata de rire. Elle riait, parce que les navets dont la femme ne pouvait se passer étaient de la variété Raiponce et ce nom lui semblait approprié pour l'enfant.

Au fil des ans, Raiponce grandit et devint la plus belle fille du royaume. La sorcière l'emmena dans un château éloigné à la campagne.

Comme Raiponce était très belle, la sorcière ne voulait pas que d'autres gens l'entourent, en particulier les jeunes gens. Alors, elle l'enferma dans une tour qui n'avait ni portes, ni escaliers. Il n'y avait qu'une fenêtre au haut de la tour.

Tous les jours, lorsque la sorcière voulait entrer dans la tour, elle appelait :

– Raiponce, Raiponce, descends tes cheveux, car Raiponce avait les plus longs cheveux de la terre. En plus, ils avaient la couleur des blés d'or.

Lorsque Raiponce entendait ces paroles, elle laissait retomber ses tresses qu'elle faisait passer par la fenêtre, jusqu'au bas de la tour. La vieille sorcière grimpait alors le long de la tour en se servant des cheveux de Raiponce comme d'une corde, jusqu'à ce qu'elle atteigne la fenêtre.

La vie de Raiponce se déroula ainsi pendant quelques années. Elle ne quitta jamais la tour et ne vit personne d'autre que la sorcière. Elle embellissait à chaque jour, mais personne n'était là pour voir cette beauté.

Pour s'occuper, Raiponce chantait des chansons à haute voix. Les oiseaux lui répondaient souvent au passage.

Il vit la vieille sorcière approcher.

RAIPONCE

Puis, un jour, un prince qui galopait à cheval aperçut la tour. Il passa au moment où Raiponce chantait.

Le prince s'arrêta net. Jamais il n'avait entendu une si belle voix. Il savait que la voix provenait du haut de la tour, mais il ne put voir aucune porte pour entrer. Frustré, il rentra chez lui, dans son château. Mais pendant son sommeil, il ne put s'empêcher de rêver à la belle voix qu'il avait entendue plus tôt.

Le prince voulut retourner à la tour le lendemain. Il était derrière un arbre, écoutant Raiponce fredonner un air sur les étoiles et la mer, quand il vit la vieille sorcière approcher de la tour.

La sorcière ordonna à Raiponce de descendre ses cheveux.

Le prince regarda avec stupéfaction la sorcière grimper dans la tour en se hissant sur les longs cheveux blonds de Raiponce.

– Alors, c'est ainsi qu'on monte dans la tour... se dit le prince.

RAIPONCE

Il se rendit compte qu'il avait besoin d'un plan.

Le lendemain soir, le prince revint à la tour. En imitant la voix de la sorcière, il dit:

– Raiponce, raiponce, descends tes cheveux. Quelques instants plus tard, ses cheveux blonds flottaient en bas de la tour. Il les attrapa, grimpa et entra dans la chambre par la fenêtre.

– Qui êtes-vous? dit Raiponce.

Le prince était le premier homme qu'elle voyait de sa vie. En fait, il était la seule personne qu'elle ait vue de sa vie, à part la sorcière. Elle eut peur, mais dès que le prince lui adressa la parole, elle se calma.

– Tu as la plus belle voix que j'ai entendue, dit-il. Tu es aussi la plus belle fille que j'ai vue. C'est vilain qu'on te garde ici comme une prisonnière. Laisse-moi te libérer. Viens avec moi et deviens ma femme.

Raiponce avait lu des livres au sujet des rois, des reines et des princesses et elle réalisa que ce merveilleux jeune homme était un

Viens avec moi.

prince. Elle savait qu'elle serait plus heureuse avec lui qu'elle ne le serait jamais avec la sorcière.

– Je veux être ta femme, dit-elle en prenant la main du prince dans la sienne. Mais comment sortir de cette pièce et descendre de la tour?

Ils savaient que le prince pouvait sauter en bas de la tour, parce qu'il était un prince et qu'il savait faire ces choses. Mais Raiponce n'avait jamais fait une telle chose et elle aurait pu se blesser gravement en essayant.

– J'ai une idée! dit Raiponce. Tu peux venir me voir en soirée, lorsque la sorcière ne sera pas là. Elle est ici seulement le jour. Amène des écheveaux et des fagots de soie. Quand j'aurai assez de matériel, je confectionnerai une échelle. Je la descendrai et tu m'emmèneras au loin sur ton cheval.

– Je viendrai tous les soirs avec de la soie, promit le prince. Tu auras bientôt assez de tissu pour l'échelle et nous pourrons vivre notre vie comme mari et femme.

RAIPONCE

Au cours des soirées qui suivirent, le prince lui apporta de la soie et elle commença à fabriquer son échelle.

Un après-midi où Raiponce était absorbée par son travail, la sorcière fit irruption dans la tour.

– Tu veux t'en aller? lui dit-elle d'un air menaçant. C'est ainsi que tu me remercies pour tout ce que j'ai fait pour toi?

– Je n'en peux plus de rester dans cette tour, dit Raiponce. Il y a un prince qui m'aime beaucoup et que j'aime aussi. Nous voulons vivre ensemble, loin de cette tour.

La sorcière fut scandalisée. Sans dire un mot, elle prit une paire de ciseaux, empoigna les cheveux de Raiponce et d'un coup les coupa. Puis, elle fit escorter Raiponce au loin, dans un désert où vivaient seulement des serpents et des lézards.

La sorcière retourna à la tour. Elle avait encore les cheveux de Raiponce, qu'elle avait coupés. Elle attendit jusqu'à ce qu'elle entende la voix du prince appeler: Raiponce, Raiponce, laisse tomber tes cheveux.

La sorcière était scandalisée.

RAIPONCE

La sorcière qui avait attaché les cheveux à un crochet les laissa tomber jusqu'au sol.

Le prince grimpa jusqu'au haut de la tour et entra dans la chambre. Il eut le souffle coupé en apercevant la sorcière.

– Tu ne t'attendais pas à me voir ? lui dit la sorcière, en éclatant de rire méchamment. Tu ne voudrais pas m'épouser à la place de Raiponce ?

Le prince recula de quelques pas.

– Où est ma bien-aimée ? Que lui avez-vous fait, espèce de vieille chipie ?

– Tu t'es fait prendre la main dans le sac, dit la sorcière d'un air triomphant. Tu ne la reverras plus jamais. En fait tu ne verras plus jamais rien.

Fou de chagrin, le prince sauta par la fenêtre. La chute ne le tua pas, mais il atterrit dans des buissons qui lui crevèrent les deux yeux. Il perdit la vue.

Aveugle et la mort dans l'âme, le prince erra de nombreux mois à travers le pays, ne mangeant que des racines et des baies sauvages. Le soir, il dormait à même le sol, en espérant entendre la belle voix de Raiponce. Mais il n'entendait rien d'autre que le vent et les hurlements d'un renard esseulé.

Un soir, il décida qu'il ne pouvait plus continuer. Il s'allongea sur le sol en pleurant son amour perdu et voulut se tuer.

Soudain, il entendit au loin une voix qui fredonnait un air sur les anges et les couchers de soleil. Il ne pouvait y croire. C'était Raiponce.

Malgré son handicap, il courut à travers les bois, s'approchant de plus en plus de la belle voix.

Raiponce était seule, assise sur une petite colline. Elle leva les yeux. Elle ne pouvait en croire ses yeux! Son prince l'avait retrouvée!

– Mon amour! Ne me vois-tu pas? Je suis ici! lui cria-t-elle.

Le prince suivit le son de sa voix. Il parvint à elle et ils s'embrassèrent. Ils riaient et pleuraient tout à la fois. Deux larmes qui coulaient sur les joues de Raiponce touchèrent alors les yeux du prince. Il recouvra la vue sur-le-champ!

Il parvint à elle et ils s'embrassèrent.

RAIPONCE

– Je vois à nouveau ! cria-t-il.

Ils s'enlacèrent et se regardèrent dans les yeux. Puis, le prince ramena Raiponce dans son royaume, loin du désert. Ils revinrent à la grande joie de tout le peuple. La cérémonie du mariage fut royale. Le prince et la princesse vécurent heureux jusqu'à la fin des temps.

L'oie d'or

Il était une fois, dans un petit village au sein d'un royaume aux vastes forêts, une mère et un père qui vivaient là, avec leurs trois enfants.

Le fils aîné était très intelligent; le second fils avait une intelligence moyenne; et le dernier fils était si lent à comprendre, qu'on l'avait surnommé Simplet.

Un après-midi ensoleillé, le fils aîné demanda à ses parents s'il pouvait aller dans la forêt couper du bois.

– Tu es assez intelligent pour partir tout seul, lui dit le père.

Veux-tu partager ton repas avec moi ?

– Je vais te préparer un repas, dit sa mère.

Alors, le fils aîné partit en transportant sa hache et le sac contenant un pain et un pot de limonade.

Peu après, il vit un arbre qu'il jugea parfait à couper. Mais avant qu'il ne puisse commencer à l'abattre, un petit homme âgé apparut à ses côtés. Le petit homme avait l'apparence d'un nain. Il avait une barbe grise, des yeux gris et même sa peau avait l'air grise.

– Je n'ai rien mangé ni bu depuis des jours, lui dit le nain. Voudrais-tu partager ton déjeuner?

Le fis aîné n'était pas idiot. Il réalisait que s'il partageait son déjeuner, il n'en aurait pas assez pour lui.

– Désolé, vieil homme, dit le garçon. Je crains que tu ne doives aller ailleurs pour trouver à manger. Laisse-moi tranquille. J'ai du travail à faire.

Le nain le salua de la tête et disparut. Le garçon coupa une branche avec sa hache. Mais en tombant, la branche lui transperça le bras. Il commença à saigner. Il serra ses choses et retourna à la maison pour qu'on mette des bandages sur son bras. Ce qu'il ne savait pas, c'est que le nain le surveillait, caché derrière un arbre. C'est lui qui avait provoqué l'accident.

Le lendemain matin, le second fils demanda au père s'il pouvait aller dans la forêt couper du bois.

– Oui, répondit le père. Mais, sois prudent, nous ne voulons pas que tu te blesses comme ton frère.

– Tout ira bien, ne vous inquiétez pas, dit le fils.

Sa mère lui prépara un déjeuner composé d'un pain de maïs et de lait de chèvre. Puis le second fils partit dans la forêt.

Peu après, il atteignit le même arbre que son grand frère la veille. Au moment où il entreprit de couper l'arbre, il entendit une voix.

– Je n'ai pas mangé depuis des jours et j'ai très faim. Me donnerais-tu à manger?

Le garçon baissa les yeux. Le même nain gris qui avait parlé avec son frère se trouvait devant lui.

– Plus tu manges, moins il m'en reste, répondit le garçon. Désolé, je ne peux pas t'aider. Laisse-moi tranquille.

Il était sur le point de couper l'arbre.

L'OIE D'OR

Le nain le salua, puis disparut dans la forêt. Le garçon frappa l'arbre avec sa hache. Une branche tomba immédiatement sur son pied. Il hurla de douleur et dut sautiller jusqu'à la maison. Il ne réalisa pas que le nain le regardait, caché derrière un buisson. C'est aussi lui qui avait provoqué l'accident.

Le lendemain matin, le plus jeune fils demanda à son père :

— Puis-je aller dans la forêt pour couper un arbre ?

Le père éclata de rire.

— Tes frères qui sont tellement plus intelligents que toi ont échoué. Qu'est-ce qui te fait penser que tu réussirais ?

Simplet insista sans arrêt pour que son père le laisse sortir.

— Oh, dis-lui oui, dit la mère. S'il se blesse, il aura au moins appris une leçon.

Le père donna son consentement. Il donna à Simplet une vieille hache rouillée. Sa mère lui prépara un déjeuner composé de crêpes sèches et d'une bouteille d'eau chaude à boire.

L'OIE D'OR

Simplet ne se rendit même pas compte que son déjeuner n'était pas aussi bon que celui de ses frères. Il était heureux d'avoir la chance d'aller dans la forêt tout seul.

Il atteignit vite le même arbre que ses frères. Il leva sa hache rouillée et était sur le point de frapper l'arbre, quand il entendit une voix lui parler.

— Je crois que je vais mourir si je ne mange pas et ne bois pas quelque chose.

Simplet baissa les yeux. Il venait de voir un nain gris qui avait l'air malade.

— Je n'ai que des crêpes sèches et de l'eau chaude, dit Simplet au nain. Je t'en donnerai avec plaisir, si tu en veux.

— Merci, jeune homme, lui dit le nain.

Ils s'assirent près d'un arbre et commencèrent à manger les crêpes. Puis, ils se désaltérèrent avec l'eau chaude.

— Tu as bon cœur, lui dit le nain après avoir mangé. Tu as fait quelque chose pour me venir en aide. Maintenant, j'aimerais te donner quelque chose. Tu vois l'arbre là-bas avec les feuilles jaunes ?

Un grand arbre

L'OIE D'OR

Le nain pointa du doigt un grand arbre, qui se trouvait sur le sentier. Simplet fit oui de la tête.

– Va le couper, dit le nain. Quand tu auras fini, regarde les racines. Quelque chose d'intéressant t'y attend.

Simplet fixa l'arbre à nouveau. Au moment où il se retourna pour demander au nain ce qu'il y avait aux racines de l'arbre, il se rendit compte que le nain avait mystérieusement disparu.

– Bon, je suppose que je devrai couper l'arbre et voir de mes propres yeux, dit Simplet.

Il se dirigea vers l'arbre jaune et commença à le couper.

Il fallut un certain temps à Simplet pour couper l'arbre parce qu'il était grand et large et que sa hache était rouillée. Finalement, l'arbre tomba et s'écrasa lourdement sur le sol.

Alors, Simplet se pencha et regarda les racines de l'arbre. Une oie sortit des racines de l'arbre et sauta dans les bras de Simplet. Ce dernier n'avait jamais vu une oie comme celle-là de sa vie. Elle était en or. Toutes ses plumes et même sa queue étaient dorées. Simplet flatta l'oie et commença à lui parler d'une voix douce.

Mais comme il se faisait tard, le garçon décida de passer la nuit dans les bois, plutôt que de rentrer à la maison.

Il entra dans une auberge de la forêt qu'il connaissait. Aussitôt qu'il eut passé la porte, l'aubergiste jeta un regard avide sur l'oie que Simplet transportait et accueillit le garçon à bras ouverts.

L'aubergiste avait trois filles. Elles arrivèrent en courant quand elles eurent vent qu'un garçon était arrivé à l'auberge en transportant une oie d'or.

Simplet fut accueilli à bras ouverts par tout le monde, mais ce que les gens voulaient surtout, c'était s'accaparer l'oie en or et ses précieuses plumes.

On donna à Simplet une des plus belles chambres de l'auberge. Comme la nuit était belle et que c'était la pleine lune, le jeune garçon décida de sortir pour regarder la lune briller à travers les arbres de la forêt.

Simplet fut accueilli à bras ouverts.

L'OIE D'OR

Lorsque Simplet sortit de l'auberge, l'aînée des trois filles entra dans la chambre de ce dernier.

– Oie, où es-tu ? dit-elle à voix haute.

Elle entendit l'oie caqueter sous le lit.

La fille prit l'oie dans ses bras.

– Je veux juste une de tes plumes, dit-elle. Ce sera suffisant pour m'acheter plusieurs robes et un collier.

Elle essaya d'enlever une plume sur l'aile gauche de l'oie, sans succès. Elle essaya à nouveau. Encore une fois, elle en fut incapable.

La fille remit l'oie par terre et voulut quitter la pièce, mais sa main resta collée sur l'aile. Elle essaya de se libérer en tirant très fort, mais en vain. Elle restait collée à l'oie !

À ce moment-là, la deuxième sœur entra dans la chambre.

– On dirait que nous avons eu la même idée, dit-elle en tapotant l'épaule de sa sœur.

– Une chose bizarre vient de m'arriver, dit la sœur aînée. J'ai essayé de prendre une plume à l'oie, mais elle ne voulait pas s'enlever. Maintenant, l'aile est collée à ma main et je suis incapable de me libérer.

– Laisse-moi essayer, dit la seconde sœur.

Elle décida de tirer sur une plume, mais quand elle voulut enlever sa main de l'épaule de sa sœur, elle réalisa soudain qu'elle en était incapable.

– Ma main est collée à ton épaule! hurla-t-elle.

À ce moment-là, la troisième et plus jeune sœur fit irruption dans la pièce.

– Moi aussi, je veux une plume en or, dit-elle.

Mais avant que ses deux sœurs ne puissent la mettre en garde, le troisième sœur toucha l'épaule de sa seconde sœur. Elle fut collée à elle, instantanément.

Peu après, Simplet retourna dans sa chambre. Il fut surpris de trouver les trois sœurs dans la chambre, mais quand elles lui expliquèrent qu'elles voulaient juste veiller sur l'oie pour qu'on ne la lui vole pas, il accepta leurs dires.

Il zigzaguait ici et là.

L'OIE D'OR

Il se réveilla le lendemain matin en pensant qu'il était grand temps de rentrer à la maison pour montrer son oie à tout le monde.

Simplet quitta l'auberge, avec les trois sœurs à sa suite. Il plaça l'oie sous son bras et courut en direction de la maison. Il zigzagua ici et là, gravit des collines, sauta par-dessus des clôtures. Les trois sœurs durent courir, sauter et voler à sa suite !

Au bout d'un moment, il se retrouva au milieu d'un champ. Le pasteur local qui s'en allait dire la messe le croisa. Il vit les trois sœurs qui couraient avec Simplet. Il crut que les filles voulaient faire un mauvais parti au garçon.

– Vous devriez avoir honte, mesdemoiselles ! Où sont vos manières ? cria-t-il.

Il voulut arrêter les filles. Il toucha l'épaule de la troisième sœur et fut collé à elle. Il était pris, lui aussi !

Simplet avait donc les trois sœurs et le pasteur attachés à son oie d'or. Il continua à traverser le champ en courant. Le pasteur respirait avec peine en essayait de les suivre.

Le sacristain, qui se rendit compte de la détresse du pasteur, s'avança vers eux. Il n'en crut pas ses yeux quand il vit arriver le groupe.

– Que se passe-t-il ici ? hurla le sacristain. Pasteur, que faites-vous ? Nous avons un baptême à célébrer aujourd'hui.

Le sacristain essaya de retenir le pasteur en le tirant par son manteau. Au moment même où il toucha le pasteur, il fut prisonnier à son tour.

Maintenant, Simplet avait cinq personnes attachées à son oie en or, qu'il continuait de porter dans ses bras. L'oie caquetait joyeusement pendant que Simplet courait, avec les cinq autres personnes attachées à sa suite.

Un peu plus tard, deux fermiers sortirent d'une étable.

– Venez ici fermiers, et vite. Libérez-nous ! hurla le sacristain.

Les fermiers arrivèrent en courant.

Nous avons un baptême à célébrer !

L'OIE D'OR

– Non! cria la sœur aînée aux fermiers, c'est inutile. Ne touchez pas au sacristain!

– Qu'est-ce que tu en sais, ma fille? demanda un des fermiers.

Les deux fermiers tendirent les bras pour libérer le sacristain. Soudain, leurs mains restèrent soudées au collet du sacristain. Ils étaient prisonniers eux aussi. Maintenant, l'oie avait sept personnes à sa suite!

Simplet continua de courir. Peu après, il courut en bas d'une colline, dans un royaume où régnait un roi avec une fille très malheureuse.

Sa fille, qui était une princesse, n'avait pas ri une seule fois depuis sa naissance. Elle était la plus sévère, la plus sérieuse fille au monde. Le roi avait émis un décret qui disait que quiconque parvenait à faire rire sa fille pourrait l'épouser et ainsi devenir l'héritier de son trône.

Simplet ne connaissait rien à l'histoire, mais dès que la princesse vit Simplet, l'oie et les sept personnes qui se suivaient à la queue leu leu, elle éclata de rire.

L'OIE D'OR

– Nous avons trouvé notre prince ! cria le roi.

Le roi arriva en courant et se mit au milieu du chemin, bloquant la route à Simplet. Tout le groupe s'arrêta enfin.

– Félicitations, jeune homme, tu vas épouser ma fille.

Derrière Simplet, tous les autres criaient à l'aide, suppliant qu'on les libère.

Toutes ces pitreries accentuèrent le rire de la princesse. Mais le roi ne voulait pas vraiment que Simplet devienne son gendre.

– Avant que tu n'épouses ma fille, dit-il, tu devras m'apporter un bateau qui voyagera tant sur l'eau que sur terre.

Le roi savait que c'était une demande impossible. Aucun bateau ne peut faire cela. Simplet réfléchit un instant, puis dit :

– Je reviens incessamment.

Il donna son oie à la princesse et courut dans les bois. Il trouva le nain gris assis près d'un arbre qui l'attendait.

– Je sais pourquoi tu es ici, dit le nain. Lorsque

Des voiles au-dessus, des roues dessous

j'avais faim et soif, tu m'as aidé. Depuis ce temps, c'est moi qui t'aide. Je ne cesserai pas maintenant. Je vais t'aider à gagner la main de la princesse et surprendre ce roi stupide.

Le nain claqua des doigts. Instantanément, le bois des arbres autour d'eux commença à se transformer en la chose la plus étrange que Simplet ait vue de sa vie.

La chose avait des voiles sur le dessus et des roues en dessous. Il y avait toutes sortes d'accessoires et de compas à bord. Mais le plus important, c'était que la chose pouvait voyager sur l'eau et sur terre.

Le nain et Simplet montèrent à bord et commencèrent le trajet qui les mena au village du roi.

En peu de temps, ils furent en vue du château. Les villageois rirent et applaudirent lorsqu'ils virent Simplet à bord de l'étrange bateau.

– Désirez-vous faire une promenade, votre majesté ? demanda Simplet au roi. Ensuite, il aida le roi à monter à bord.

Simplet, le nain et le roi firent une promenade

à travers le village, le long des rues, sur les collines, puis enfin sur le lac géant, juste à côté du village. Ils revinrent ensuite au château.

La princesse qui avait observé la scène riait encore plus fort que la première fois. Elle était réellement amoureuse de Simplet. Les villageois étaient très contents. Le roi venait d'être battu.

– D'accord, tu peux épouser ma fille, dit le roi en descendant du bateau.

Tous les gens du village applaudirent et crièrent leur joie à la vue de Simplet qui embrassait la princesse. Le mariage fut célébré le lendemain soir. Simplet et son épouse s'installèrent dans un château plus petit, où ils vécurent heureux pour toujours. Quant à l'oie d'or, elle doit encore parcourir le vaste monde, avec tous les cupides et les écervelés qui s'y attachent.

Le mariage fut célébré le lendemain soir.

La princesse et le pois

Il était une fois un roi et une reine, qui vivaient dans un royaume tranquille en compagnie de leur fils, le prince Toringarde.

Leurs sujets aimaient la famille royale, mais le prince était malheureux.

– Je suis si triste, disait-il à ses parents. Je voudrais me marier, mais je ne trouve pas la femme idéale pour moi.

– Nous pouvons remédier à ce problème, lui dit le roi. Il y a au moins quatorze princesses qui vivent à moins d'un jour de cheval de notre château.

LA PRINCESSE ET LE POIS

– J'ai déjà rencontré toutes ces filles, dit Toringarde, mais ce ne sont pas de vraies princesses. Elles n'ont pas les qualités royales que je voudrais que ma femme possède.

Des remarques comme celles-là faisaient pleurer la reine, parce qu'elle voulait que son fils se marie et lui donne des petits-enfants.

– Je sais ce que je vais faire, dit le roi. Je vais émettre une proclamation royale qui expliquera que tu cherches à te marier; chaque princesse qui le désire pourra venir te rencontrer en personne. De cette façon, tu rencontreras toutes les filles à marier de tous les royaumes au monde.

Alors, le roi écrivit sa proclamation, l'imprima et la posta partout. Au cours des semaines qui suivirent, plusieurs princesses vinrent au château rencontrer le prince Toringarde.

Mais pas une princesse ne fit vibrer son cœur. Aucune d'entre elles n'avait les qualités particulières qu'il recherchait. Cette expérience attrista davantage le prince, mais la reine ne voulait pas perdre espoir.

Prince Toringarde

Perdu dans ses pensées...

LA PRINCESSE ET LE POIS

– Tu verras mon fils, dit-elle. Au moment où tu croiras que cela n'arrivera plus jamais, quelque chose se produira. Cela pourrait être sur le point d'arriver. Ce qui est important, c'est que tu saches comment trouver ce que tu désires.

Le prince se disait que sa mère essayait seulement de l'encourager. Mais il ne la croyait pas vraiment. Si la princesse dont il rêvait existait vraiment, elle serait déjà venue le rencontrer au château.

Le prince était assis dans sa chambre, pensant tristement à la situation, quand il entendit un hurlement terrible. Il se leva d'un bond de sa chaise et courut dans le corridor principal.

Le roi, la reine et tous les serviteurs étaient rassemblés.

– Que se passe-t-il? demanda le prince Toringarde.

– Une terrible tempête fait rage dehors, répondit le roi. Le vent, la grêle, les éclairs, le tonnerre... nous n'avons jamais eu de si forte tempête dans notre royaume.

LA PRINCESSE ET LE POIS

Au même moment, on entendit cogner très fort à la porte.

– Le vent va briser la porte d'entrée! cria un serviteur.

– Non, dit Toringarde en plaçant sa main sur son épée. Ce n'est pas le vent. C'est un être humain qui frappe à la porte. Je vais voir de qui il s'agit.

Tous les regards suivirent le prince Toringarde qui se dirigeait vers la porte. Il se sentait seul, son cœur était brisé par manque d'amour, mais il était encore un brave et vaillant prince.

Il sortit son épée et ouvrit la porte avec précaution.

Dans l'entrée se trouvait une jeune fille, trempée jusqu'aux os. Le prince Toringarde la dévisagea et lui demanda:

– Qui êtes-vous?

– Je suis la princesse Annasara, répondit-elle, et si vous ne m'invitez pas à entrer, je crois que je vais me noyer sous cette pluie torrentielle.

Le prince lui céda le passage et la princesse entra.

Je voyageais lorsque la tempête a éclaté.

LA PRINCESSE ET LE POIS

— Je retournais dans mon royaume, quand la tempête a éclaté, dit-elle, en se présentant au roi et à la reine, ainsi qu'à toute la cour.

La princesse raconta comment elle avait été surprise par les vents puissants et la pluie.

Le prince Toringarde vit qu'elle était vraiment une très belle princesse. Sa voix était aussi honnête et mélodieuse, et ses yeux étaient les plus profonds qu'il ait vus de sa vie. Elle devait être la femme dont sa mère parlait.

— Pas si vite mon fils, lui dit la reine, lorsque le prince lui murmura ses pensées à l'oreille. Nous devons établir si elle est effectivement une vraie princesse et si elle pourra te rendre heureux toute ta vie.

— Et comment en arriver là? demanda-t-il à sa mère.

— Je m'en occupe, répondit-elle.

Elle se tourna vers la princesse Annasara.

— Puis-je vous conduire à votre chambre, ma chère? demanda la reine.

Comme la tempête faisait rage encore, la princesse accepta de passer la nuit chez ses hôtes.

LA PRINCESSE ET LE POIS

– J'en serais honorée, votre grâce, répondit la princesse en faisant la révérence.

– Bien. Je monte m'assurer qu'on vous prépare une chambre. Je vous ferai signe lorsqu'elle sera prête.

La reine se dirigea ensuite vers l'escalier et entra dans une chambre.

Elle sortit un petit pois vert de sa poche. Elle le plaça sous le matelas. Ensuite, elle ordonna qu'on place vingt autres matelas par-dessus le premier. Le dernier matelas atteignait presque le plafond.

Princesse Annasara, votre chambre est prête ! annonça la reine.

La princesse se leva de son siège.

– Je vous reverrai peut-être demain, dit-elle au prince.

– C'est mon désir le plus cher, dit le prince.

La princesse monta ensuite les escaliers.

Elle entra dans la chambre et sursauta lorsqu'elle vit tous les matelas sur le lit.

La reine sourit.

– Je voulais que vous vous sentiez le plus confortable possible, dit la reine.

C'était le matelas le plus dur.

LA PRINCESSE ET LE POIS

La princesse remercia la reine. Puis elle grimpa jusqu'au matelas du dessus, se glissa sous les couvertures et ferma les yeux.

– Faites de beaux rêves, lui dit la reine. Vous devez être très fatiguée après une telle journée.

La reine ferma la porte et redescendit.

Au matin, la tempête était terminée. Le soleil se levait au-dessus des collines. La reine se leva et se rendit dans la chambre de la princesse Annasara. La princesse faisait les cent pas et se frottait les reins avec ses mains.

– Ça ne va pas, ma chère ? demanda la reine.

– Je ne veux pas me plaindre, mais je n'ai pas fermé l'œil de la nuit, dit la princesse.

– Vraiment ? répondit la reine. Et pourquoi ?

– Ne soyez pas insultée, votre grâce, dit la princesse, mais c'est le matelas le plus dur sur lequel j'ai dormi de toute ma vie. Cela m'a occasionné un mal de dos.

La reine sourit.

– Vous êtes une vraie princesse ! cria-t-elle, ravie.

LA PRINCESSE ET LE POIS

– Bien sûr que oui, dit la princesse. Je vous l'avais dit hier soir.

– Mais vous aviez un test à passer et vous l'avez réussi, dit la reine.

– Quel test ? questionna la princesse Annasara. Le prince arriva dans la chambre à ce moment-là.

– Que se passe-t-il ? demanda-t-il.

– Ta bien-aimée est effectivement une vraie princesse, lui dit la reine. Hier soir, j'ai placé un petit pois sous le matelas de son lit. J'ai ensuite ajouté vingt matelas par-dessus. Seule une vraie princesse toute délicate pouvait ressentir l'inconfort causé par ce pois.

– Alors tu es ma vraie princesse ! dit Toringarde. Nous sous sommes rencontrés à cause d'une tempête, mais notre vie sera sereine et douce.

Le prince disait vrai. La reine ordonna que des vêtements royaux soient envoyés dans la chambre de la princesse avec des robes et des bijoux dignes de son rang. Toringarde et Annasara se marièrent au bout d'un mois. Tous s'accordent pour dire qu'ils vécurent heureux jusqu'à la fin des temps.

Ta bien-aimée est une vraie princesse.

Cendrillon

Il était une fois, dans un royaume fortuné, un homme qui épousa une femme. La femme avait déjà été mariée et avait deux filles. L'homme aussi avait déjà été marié et avait une fille.

La fille de l'homme était douce, gentille et la plus belle fille du royaume. Les deux filles de la femme étaient méchantes, jalouses et plutôt ordinaires. Elles faisaient tout ce qu'elles pouvaient pour se moquer de leur nouvelle demi-sœur.

– Nettoie la cuisine!

– Lave la vaisselle!

– Frotte les planchers!

CENDRILLON

C'était le genre d'ordres que les deux vilaines demi-sœurs et la belle-mère donnaient à la fille de l'homme quotidiennement.

Mais la pire chose qu'elles exigeaient de la jolie fille, c'est qu'elle nettoie la cheminée remplie de suie et de cendres. Tous les jours, quand elle avait fini de nettoyer la cheminée, les cendres avaient souillé ses vêtements et sa peau était couverte de suie. À cause de cela, on commença à l'appeler Cendrillon.

Cendrillon serait bien allée se plaindre à son père de la façon dont elle était traitée, mais sa belle-mère avait son père sous son joug. De plus, Cendrillon était trop bonne pour se plaindre de quoi que ce soit. Elle continuait à faire les durs travaux ménagers sans jamais se plaindre. Elle portait des haillons et dormait dans un lit grinçant, en espérant qu'un jour les choses iraient mieux pour elle.

Pendant ce temps, ses deux vilaines demi-sœurs passaient tout leur temps à acheter des vêtements, manger les meilleurs mets, peigner

Une bonne à rien en haillons

leurs cheveux et faire des plans pour épouser de beaux et riches princes.

Un matin, une grande nouvelle fut annoncée par le crieur du roi.

– Le fils du roi organise deux bals au palais royal. Et toutes les filles qui ne sont pas mariées sont invitées, puisque le prince espère y rencontrer sa future fiancée. Seule la plus belle du royaume deviendra la femme du prince! annonça-t-il.

– C'est fantastique, dit l'aînée des demi-sœurs. Je porterai ma robre de soirée en velours rouge avec la garniture à la française.

– Je mettrai ma robe en dentelles, dit la plus jeune. Comme accessoires, je porterai une ceinture en diamants et un foulard doré.

Les demi-sœurs ordonnèrent à leurs serviteurs de préparer des parfums et d'autres babioles pour elles. Puis, elles se retournèrent vers Cendrillon.

– Tu nous montreras comment paraître et se comporter à un bal, dit l'aînée. Même si tu n'es qu'une petite bonne à rien en haillons, je crois que tu as du goût.

CENDRILLON

– Dommage que tu ne puisses venir au bal, dit la plus jeune à Cendrillon. Aimerais-tu y assister?

Cendrillon regarda ses deux demi-sœurs.

– Bien sûr que j'aimerais y aller, dit-elle gentiment. Qui ne voudrait pas rencontrer un prince et devenir sa femme? Mais je n'ai pas de vêtements appropriés pour assister à un tel bal.

En voyant que Cendrillon était malheureuse, elles éclatèrent de rire.

Le premier bal eut lieu la semaine suivante. On ordonna à Cendrillon d'aider ses demi-sœurs à s'habiller et de peigner leurs cheveux. Ensuite, les demi-sœurs partirent en carrosse avec leur mère pour aller au château.

Cendrillon, habillée avec ses haillons souillés, regarda le carrosse partir puis commença à pleurer.

– Pourquoi pleures-tu, mon enfant? lui dit une voix derrière elle.

Cendrillon se retourna. Une vieille femme petite et corpulente se tenait là.

Cendrillon dut aider ses demi-sœurs.

CENDRILLON

— Qui êtes-vous ? lui demanda Cendrillon, stupéfaite.

Elle n'avait jamais vu une telle créature auparavant.

— Je suis ta bonne fée, lui dit la vieille femme. Je suis ici pour t'aider.

Elle lui sourit tendrement. C'était la première fois depuis longtemps que quelqu'un lui montrait de la tendresse.

— Je pleure parce que...

Cendrillon était tellement confuse qu'elle n'arrivait pas à exprimer ses émotions.

— Tu pleures parce que ta méchante belle-mère va au bal du prince et que tu n'y vas pas, lui dit la bonne fée.

Cendrillon lui fit signe que oui et des larmes coulèrent sur ses joues.

— Tu peux aller au bal. Je vais m'en occuper, lui dit la bonne fée.

— Comment ? demanda Cendrillon. Je n'ai pas de vêtements, personne pour m'aider, pas de cocher et le bal commence à l'instant.

CENDRILLON

– Va dans le jardin et rapporte une citrouille, lui dit la bonne fée.

Cendrillon fit ce qu'on lui demandait. Elle rapporta du jardin une grosse citrouille orange.

La bonne fée prit la citrouille et la toucha avec sa baguette magique. La citrouille se transforma instantanément en un gros carrosse muni de six grandes roues et de dorures, ici et là.

– Bien. Maintenant, trouve six souris, lui dit encore la bonne fée.

Cendrillon alla dans la cuisine et trouva six souris qui étaient prises dans des pièges. Elles n'étaient pas blessées et semblaient contentes d'être libérées.

– Place les souris par terre, lui dit la fée.

Cendrillon s'exécuta. Comme elle les posait par terre, la bonne fée les toucha avec sa baguette magique. En un instant, les souris se transformèrent en magnifiques chevaux gris!

– Maintenant, tu as un carrosse et des chevaux pour tirer le carrosse, lui dit sa bonne fée.

Bon, une dernière chose…

CENDRILLON

– Mais qui conduira le carrosse ? lui demanda Cendrillon.

– As-tu des pièges à rats dans la maison ? lui demanda la fée.

– Il y en a un dans la cave, dit Cendrillon, courant pour aller le chercher.

Heureusement, il y avait un gros rat moustachu qui s'était fait prendre dans le piège à rats. Il n'était pas blessé non plus.

La bonne fée toucha le rat de sa baguette magique. Instantanément, il fut transformé en un cocher un peu grassouillet.

– Bon, une dernière chose, dit la bonne fée. Retourne dans le jardin et trouve six lézards.

Cendrillon courut en vitesse trouver six lézards dans le pommier du jardin. Elle les rapporta à sa bonne fée. Celle-ci toucha chaque lézard avec sa baguette. Immédiatement, les lézards furent transformés en valets de pied, chacun prêt à accompagner et à protéger Cendrillon pendant son trajet pour aller au bal.

CENDRILLON

Ils se tenaient fièrement sur le carrosse, regardant de tous les côtés.

— Bon, tu es prête à partir, lui dit la fée.

— Ma bonne fée, je ne peux pas aller au bal comme ça ! lui dit Cendrillon.

Sa robe était tachée et déchirée. Ses cheveux, ses mains et son visage étaient sales.

— Tu as raison, dit-elle.

Elle agita sa baguette magique et aussitôt, Cendrillon fut habillée d'une belle robe en dentelle dorée. Elle était chaussée de parfaits petits escarpins de verre et portait sur sa tête une couronne de diamants. Elle resplendissait de beauté et de bonheur !

Cendrillon se regarda dans le miroir, stupéfaite de l'image qu'elle projetait.

— Tu es la plus belle fille au monde, lui dit sa bonne fée. Va au bal et amuse-toi. Mais il y a une condition. Tu dois revenir à la maison au plus tard à minuit. Si tu as une seule minute de retard, les chevaux redeviendront des souris, le carrosse une citrouille, les valets de pied des lézards et toi, tu seras en haillons.

De parfaits petits escarpins de verre

CENDRILLON

Cendrillon lui promit qu'elle serait de retour avant minuit. Elle dit au revoir à sa bonne fée et partit au bal.

Beaucoup de gens étaient déjà arrivés au château. Toutes les filles du royaume étaient là, essayant d'attirer l'attention du prince. Mais il n'avait pas encore trouvé quelqu'un qui lui plaisait.

Au moment où le prince regardait l'entrée principale du palais, un magnifique carrosse arriva. Six valets de pied descendirent du carrosse et ouvrirent la porte. Cendrillon émergea du carrosse. Le prince en eut le souffle coupé. Il avait peine à parler.

Cendrillon entra dans le château et se dirigea vers la salle de bal. Le prince la suivit. Tous les yeux se tournèrent vers Cendrillon. Les gens murmuraient :

– Qui est cette fille ?
– Elle est la plus belle fille sur terre.

Le prince décida d'inviter Cendrillon à danser.

Elle sourit pendant que le prince la prenait dans ses bras. Ils dansèrent pendant que tous les gens les regardaient.

CENDRILLON

À la fin de la danse, Cendrillon remercia le prince et s'en alla voir ses demi-sœurs qui étaient assises à une table tout près. Cendrillon prit place à côté d'elles et leur offrit des oranges et des pêches qu'elle avait trouvées dans le carrosse.

Ses demi-sœurs furent ravies de recevoir un cadeau de la belle étrangère. Cendrillon avait tellement changé son apparence, que même ses demi-sœurs ne la reconnaissaient pas ! Cendrillon joua le jeu et continua de parler avec elles.

– Je crois qu'il veut encore danser avec vous, lui dit la plus jeune de ses demi-sœurs.

En effet, le prince était de l'autre côté de la salle et fixait Cendrillon. Il ne pouvait la quitter des yeux.

Cendrillon dansa avec le prince encore et encore. À chaque fois qu'il lui demandait son nom, ou l'endroit où elle vivait, elle changeait subtilement de sujet.

Cendrillon jeta un coup d'œil furtif sur l'horloge. Il ne restait que quinze minutes avant minuit. Elle

C'était magnifique !

réalisa qu'elle devait être à la maison avant minuit. Cendrillon s'éclipsa de la salle de bal et son carrosse la ramena à la maison.

Elle arriva juste avant minuit. Sa bonne fée l'attendait.

– J'ai passé des moments merveilleux. Le prince est si beau et si bon, disait Cendrillon. Je voudrais tant assister au second bal demain.

La bonne fée était sur le point de lui répondre, quand la porte d'entrée s'ouvrit. Ses deux demi-sœurs étaient de retour. Sa bonne fée disparut instantanément.

Cendrillon, qui était maintenant vêtue de ses vieux haillons, étira les bras et fit semblant de bâiller.

– Vous avez été absentes longtemps. Je voulais vous attendre, pour savoir comment le bal s'était déroulé.

– C'était magnifique, dit l'aînée de ses demi-sœurs.

– La plus belle princesse au monde était là. Je crois que le prince en est tombé amoureux au moment où il l'a aperçue.

CENDRILLON

— Elle a été très gentille avec nous, dit la plus jeune. Elle est venue à notre table, nous a donné des oranges et des pêches. Mais, chose étrange, la princesse est partie soudainement, sans dire son nom à quiconque. Je crois que le prince en a eu le cœur brisé.

Cendrillon fit comme si de rien n'était. Elle bâilla à nouveau, se retira dans sa chambrette et se coucha dans son vieux lit grinçant. Elle rêva toute la nuit qu'elle dansait et riait en compagnie du beau prince.

Sa bonne fée fut de retour le lendemain.

— J'aimerais tant retourner au second bal, ce soir, ma bonne fée, dit Cendrillon en l'implorant. Je dois revoir le prince encore une fois.

— Très bien, lui dit la bonne fée, mais rappelle-toi que tu dois être de retour avant minuit.

Cendrillon le lui promit. La bonne fée agita sa baguette magique. Instantanément, Cendrillon se trouva vêtue d'une robe encore plus belle que le soir d'avant. Son carrosse et ses valets l'attendaient avec impatience.

Comme ils dansaient bien ensemble !

CENDRILLON

Peu après, Cendrillon arriva au bal qui était déjà commencé. Le prince était assis sur son trône, l'air triste. Il espérait revoir la belle inconnue de la veille, mais ne l'avait pas encore vue.

Il leva les yeux. Cendrillon était devant lui.

– Bonsoir, votre grâce, dit-elle.

À sa vue, le cœur du prince bondit de joie. Il se leva d'un bond et entraîna Cendrillon sur le plancher de danse. Tous les gens présents au bal regardèrent Cendrillon et le prince danser toute la soirée au son de l'orchestre royal.

– Je n'ai jamais rencontré une fille aussi belle, gentille et charmante que vous, lui dit le prince à la fin d'une danse.

– Vous êtes le plus merveilleux et le plus bel homme que j'ai rencontré, lui dit Cendrillon.

– Attendez-moi ici, je vais aller nous chercher du vin, lui dit le prince.

Au moment où le prince la quittait pour aller chercher le vin, Cendrillon regarda l'heure. Il ne restait que deux minutes avant minuit !

CENDRILLON

Courant aussi vite qu'un cerf, Cendrillon traversa la salle de bal et sortit du château.

Elle descendit les escaliers en courant et se dirigea vers son carrosse. Elle était si pressée, qu'elle perdit un de ses petits escarpins au pied des marches.

Cendrillon sauta dans son carrosse et ordonna à son cocher de rentrer le plus vite possible. Le prince descendit l'escalier en courant.

– Avez-vous vu une jolie jeune fille passer ? demanda-t-il au garde.

– J'ai vu une belle demoiselle partir dans son carrosse. Elle a perdu un escarpin tellement elle courait vite.

Le garde tendit le petit soulier de verre au prince.

Cendrillon se précipita dans la maison. Elle avait retrouvé ses haillons de bonne à tout faire. Peu après, ses deux demi-sœurs revinrent du bal.

Elles racontèrent à Cendrillon que la belle princesse était revenue, mais qu'une fois de plus, elle s'était éclipsée rapidement avant minuit.

– Elle est partie si vite, qu'elle a perdu son soulier de verre.

Un seul pied conviendrait à la pantoufle.

– Le prince l'a retrouvé, lui dit l'aînée.

Cendrillon partit se coucher et essaya de dormir. Mais elle ne pouvait penser à rien d'autre qu'au prince. Est-ce qu'elle le reverrait un jour ? Elle dormit fort peu cette nuit-là.

Le lendemain matin, le crieur du roi marcha dans les rues du village en annonçant :

– Le prince a trouvé une pantoufle de verre. Il ordonne que chaque jeune fille l'essaie. Le prince épousera celle à qui la pantoufle sied parfaitement et elle deviendra la princesse du royaume.

Le prince savait que seul le pied de la princesse qu'il aimait siérait à la pantoufle de verre.

Une heure plus tard, on cogna à la porte. Cendrillon ouvrit et un serviteur du prince entra. Il tenait la pantoufle de verre.

– Laissez-moi l'essayer, dit l'aînée des demi-sœurs.

Elle essaya de rentrer son pied dans la pantoufle, mais il était trop grand.

CENDRILLON

— Je veux l'essayer aussi, dit la cadette des demi-sœurs.

Son pied entra dans la pantoufle, mais l'escarpin était beaucoup trop grand pour elle.

— Aucune de vous deux n'est la jeune fille que le prince cherche.

Et il tourna les talons.

— Un instant ! cria Cendrillon. Laissez-moi l'essayer.

Ses demi-soeurs éclatèrent de rire.

— Tu es sale et vêtue de haillons. Comment pourrais-tu être le grand amour du prince ?

Mais le serviteur avait l'ordre de faire essayer la pantoufle à toutes les jeunes filles. Cendrillon l'essaya. Son pied entra parfaitement dans la pantoufle. Elle lui seyait comme si elle avait été faite sur mesure pour son pied.

— C'est vous ! cria le serviteur. Vous êtes celle que le prince aime et cherche dans tout le village !

Les deux demi-sœurs de Cendrillon n'en revenaient tout simplement pas. Comment était-ce possible ? se demandaient-elles.

C'est vous !

CENDRILLON

À ce moment précis, la bonne fée apparut. Elle agita sa baguette magique. Instantanément, Cendrillon se retrouva habillée comme la veille au soir.

– C'est toi ! cria l'aînée des demi-sœurs.

– Oui, c'est moi, dit Cendrillon. Le prince m'aime. Je l'aime aussi. Je serai sa femme. Je vous pardonne pour les mauvais traitements que vous m'avez fait subir. En tant que princesse, je veillerai à ce qu'il ne vous arrive aucun mal ou mauvais traitement.

Ses deux demi-sœurs embrassèrent Cendrillon. Elles la remercièrent pour sa générosité. Puis le serviteur dirigea Cendrillon vers le carrosse royal.

Peu après, le carrosse fut en vue du palais. Cendrillon descendit du carrosse. Son prince l'attendait.

– Tu es plus belle que jamais, lui dit-il.

On célébra le mariage de Cendrillon et de son prince deux jours plus tard, dans la chapelle royale. Ils vécurent heureux jusqu'à la fin des temps.

Tom Pouce

Il était une fois, dans un petit royaume, un fermier qui vivait seul avec sa femme.

Un soir que le fermier mangeait un épi de maïs, sa femme se mit à pleurer dans sa chaise berçante.

– Qu'est-ce qui ne va pas, ma chérie? lui demanda le fermier.

– Nous sommes si pauvres, lui répondit-elle. La maison est si triste. Nous n'avons pas de bijoux, pas d'argent et pas d'enfant.

– Oui, dit le fermier, la maison est triste. C'est si tranquille sans enfant. Aimerais-tu avoir un enfant?

De la taille d'un pouce

TOM POUCE

– Plus que tout au monde, répondit sa femme. Même un petit bébé, pas plus grand que mon pouce, me rendrait heureuse.

Une petite fée qui écoutait par la fenêtre entendit la conversation du couple malheureux. Ils étaient de bonnes gens et elle était attristée de leur situation. Elle décida de leur accorder ce qu'ils souhaitaient, exactement comme la femme l'avait demandé.

Quelque temps plus tard, la femme eut un petit bébé, mais il n'était pas plus grand que son pouce.

– Regarde comme notre enfant est petit, dit la mère en tenant le minuscule bébé.

– Tu disais que tu serais heureuse même avec un bébé pas plus grand que ton pouce, répondit le fermier. C'est exactement ce que tu as eu.

À cause de cela, les parents nommèrent leur fils minuscule, Tom Pouce. Même en le gavant, le bébé ne grandit pas beaucoup.

Mais même si Tom n'était pas plus grand qu'un pouce, il était intelligent et vif. Un jour, Tom entendit son père dire qu'il aimerait que quelqu'un puisse conduire sa charrette dans la forêt pour ramasser le bois qu'il avait coupé.

– Père, je conduirai la charrette, dit Tom.

Son père éclata de rire.

– Tom, tu n'es même pas assez grand pour conduire un papillon, alors que dire d'une charrette.

– Oui, je peux, dit Tom. Laisse-moi essayer une fois.

Le jour dit, sa mère attacha les chevaux à la charrette.

– Mère, place-moi dans l'oreille de l'un des chevaux, dit Tom.

Sa mère le plaça avec précaution dans l'oreille du cheval. Tom lui dit à l'oreille :

– Allez cheval, en route, allez !

Le cheval avança.

La charrette suivait le chemin dans la forêt, quand deux hommes la virent passer. Ils furent ébahis.

– Cette charrette avance sans conducteur, dit un des hommes.

Il n'avait pas vu Tom Pouce dans l'oreille du cheval.

Pour conduire un papillon...

TOM POUCE

Les deux hommes décidèrent de suivre la charrette, pour voir où elle s'arrêterait.

Peu après, la charrette arriva à l'endroit de la forêt où le père de Tom l'attendait avec son bois coupé.

– Stop ! cria Tom dans l'oreille du cheval.

Le cheval et la charrette s'arrêtèrent.

– Tu vois père, j'ai réussi ! dit-il.

– Oui, tu as réussi Tom ! répondit son père en le sortant de l'oreille du cheval.

Il le plaça sur un lit de paille afin qu'il se repose.

– Je suis fier de toi, lui dit son père.

Les deux hommes qui suivaient la charrette avaient observé toute la scène.

– Ce petit garçon nous rendraient riches à la ville, dit le premier homme à l'autre. On pourrait le montrer dans un cirque. Allons l'acheter à son père.

Ils s'approchèrent du fermier.

– Monsieur, nous avons une proposition à vous faire. Vendez-nous votre petit garçon et on s'en occupera à votre place.

TOM POUCE

– Pas pour tout l'or de toutes ces collines, répondit le père. C'est mon fils bien-aimé et jamais il ne sera à vendre.

Mais Tom Pouce vit la chose autrement. Il sauta sur l'épaule de son père et lui dit:

– Père, maman et toi avez cruellement besoin d'argent. Vends-moi à ces hommes. Je te promets que d'ici peu, je trouverai le moyen de revenir à la maison.

Avec la bénédiction de Tom, son père le vendit aux deux hommes pour une bonne somme d'argent. Le père caressa le front de son fils bien-aimé et les deux hommes emmenèrent Tom avec eux.

– On va marcher jusqu'à la ville, dit un des deux hommes à Tom. Où veux-tu t'asseoir?

– Sur le dessus de votre chapeau, dit Tom. Comme ça, je pourrai admirer le paysage.

L'homme installa donc Tom sur son chapeau, et les deux hommes commencèrent à marcher en direction de la ville.

Peu après, Tom cria:

– Mettez-moi par terre je vous en prie, et vite!

La carcasse d'un poisson

– Est-ce qu'une abeille t'a attaqué ? demanda l'un des hommes.

– Posez-moi par terre ! répétait Tom.

Les deux hommes s'arrêtèrent. L'homme au chapeau prit Tom dans sa main et le posa par terre.

– Puis quoi encore ? demanda le second homme.

– Bien, c'est le moment des adieux, dit Tom en riant.

Avant que les hommes ne puissent l'attraper, Tom sauta dans un trou de souris. Il pouvait les entendre crier et taper du pied. Il riait de plus belle. Il les avait dupés.

À la nuit, les hommes partirent. Tom sortit de son trou.

– Il fait si noir ici, dit-il. Je dois trouver un endroit sûr pour passer la nuit. Je retournerai à la maison demain matin.

Il vit tout près la carcasse d'un poisson qui avait la taille appropriée. Il sauta dans la gueule du poisson, se roula en boule, ferma les yeux et était sur le point de s'endormir lorsqu'il entendit deux voix d'hommes.

— Nous devons nous emparer de l'argent du pasteur et de ses objets précieux, disait la première voix.

— Oui, mais comment allons-nous faire ? dit le deuxième homme.

— Je vais vous dire comment, dit Tom, en sortant du poisson.

— Qu'est-ce qui se passe ? crièrent les deux hommes. Qui a parlé ?

— Baissez les yeux et suivez le son de ma voix, dit Tom, en grimpant sur le poisson. Quand les deux voleurs en herbe aperçurent Tom, ils éclatèrent de rire.

— Comment pourrais-tu nous aider ? dit le premier homme. Tu n'es pas plus grand que mon pouce.

— Vous n'avez qu'à me mettre dans la chambre du pasteur, dit Tom. Je me glisserai entre les barreaux de fer et je vous ramènerai ce que vous voudrez.

— Ça vaut la peine d'essayer, dit le second homme.

Tom se leva, s'installa sur le dos d'un rat qui passait par là et conduisit les deux hommes à la résidence du pasteur.

Sur le dos d'un rat

TOM POUCE

Aussitôt arrivés, Tom se glissa dans la chambre du pasteur.

– Que voulez-vous que je vole ? cria-t-il bruyamment aux deux hommes.

– Pas si fort, tu vas réveiller tout le monde, chuchota un des hommes.

Mais Tom fit semblant de ne pas entendre.

– Est-ce que je prends juste l'argent, ou les bijoux, ou tout ce que je trouve ? demanda-t-il encore plus fort.

– Commence à apporter des choses, lui dit le premier homme.

Entre-temps, Tom avait réveillé la bonne qui dormait dans la pièce d'à-côté. Elle sortit de son lit et entra dans la pièce sombre où était Tom. Elle alluma une chandelle.

Les deux hommes s'enfuirent sur-le-champ en voyant la chandelle allumée. Tom passa entre les jambes de la bonne et se faufila dans le corridor.

La bonne regardait partout. Comme elle ne vit personne, elle crut qu'elle avait rêvé. Alors, elle éteignit la chandelle et retourna se coucher.

TOM POUCE

Tom sortit de la maison en courant et se cacha dans la grange. Son plan était de dormir dans la grange, de se réveiller au petit matin, de cambrioler le pasteur en plein jour, pour mieux voir ce qu'il faisait, puis de retrouver son père et sa mère.

Il s'endormit dans le foin. Tôt le lendemain matin, la bonne entra dans l'étable.

– C'est l'heure du déjeuner, dit la bonne à la vache qui était dans la stalle voisine au foin.

La bonne prit la botte de foin où Tom s'était installé et la donna à la vache affamée.

Tom se réveilla.

– Où suis-je? cria-t-il.

Il réalisa qu'il courait un terrible danger lorsqu'il vit les grandes dents de la vache mastiquer tout près de lui. Un instant plus tard, Tom glissa dans la gorge de la vache avec le foin, et tomba dans son estomac.

– Aïe! Il fait noir ici! cria Tom.

Mais son plus gros problème était que la vache continuait à manger et qu'il y avait de moins en moins de place pour lui dans son estomac.

Les grandes dents de la vache.

TOM POUCE

La bonne était maintenant en train de traire la vache. Elle entendit la voix de Tom qui criait.

– La vache parle ! hurla-t-elle.

Elle revint à la maison en criant et réveilla le pasteur.

– Une vache qui parle ? dit le pasteur. C'est impossible. Les vaches ne peuvent pas parler.

– Venez écouter vous-même, répondit la bonne.

Le pasteur la suivit dans la grange.

Comme le pasteur s'approchait, Tom cria :

– Plus de foin ! Plus de foin !

– C'est une vache maudite par le diable ! rugit le pasteur. Qu'on la tue à l'instant !

La vache fut tuée. On jeta sa carcasse dans un champ. Tom passa le reste de la journée à essayer de sortir de son estomac.

Au moment où il était sur le point de réussir, un loup affamé apparut en courant. Il vit la vache morte et ne fit qu'une bouchée de son estomac.

Maintenant, Tom était pris dans l'estomac d'un loup. Mais Tom était aussi brave qu'il était petit.

– Monsieur le loup, lui dit-il, je connais un endroit où vous pourrez manger un repas délicieux.

Le loup regarda son estomac.

– Et où est cet endroit ? demanda-t-il.

Tom donna au loup la direction de la maison de ses parents. À la nuit, Tom et le loup arrivèrent à destination.

Le loup était rusé. Il attendit la tombée du jour pour se faufiler à l'intérieur et manger tout le poulet, le pain et les gâteaux qu'il y avait dans la cuisine. Le loup se préparait à partir, mais il avait tellement mangé qu'il ne pouvait pas passer la porte.

Tom commença à crier aussi fort qu'il le pouvait.

– Silence ! chuchota le loup. Tu vas réveiller toute la maisonnée.

Mais c'était exactement ce que Tom espérait. Il continua à hurler aussi fort qu'il le put.

Le bruit réveilla les parents de Tom. Ils marchèrent sur la pointe des pieds jusqu'à la cuisine et virent le loup assis par terre. Le père tenait une hache entre ses mains et sa mère, un couteau.

– J'y vais en premier, dit le père. Si je ne réussis pas à le tuer, viens à ma rescousse.

– Père, père ! cria Tom, lorsqu'il entendit la voix

de son père. Je suis retenu prisonnier dans l'estomac du loup !

— C'est Tom ! s'écria la mère.

— Je m'occupe de tout, dit le père.

Il entra lentement dans la cuisine, leva sa hache et fracassa le crâne du loup. Le loup s'affaissa sur le côté, raide mort. La mère lui ouvrit le ventre et le père découpa avec précaution l'estomac du loup.

Tom sortit de sa fâcheuse position.

— Nous étions morts d'inquiétude, dit son père en l'embrassant.

— Tu nous as tellement manqué, dit la mère en l'embrassant sur le front.

— Je suis enfin revenu à la maison, dit Tom. J'ai voyagé à travers le monde et c'est agréable de respirer à nouveau de l'air pur. Mais le plus agréable, c'est de vous revoir, vous mes chers parents.

Tom leur raconta ensuite toutes ses aventures.

— Une chose est certaine, dit son père. Peu importe ce qui arrivera, nous ne te vendrons plus jamais.

Toute la famille s'embrassa et pleura de joie. Tom et sa famille vécurent heureux pour toujours.